GERENCIE O SEU DINHEIRO COMO, ALGUÉM FODA

Universo dos Livros Editora Ltda.
Avenida Ordem e Progresso, 157 - 8º andar - Conj. 803
CEP 01141-030 - Barra Funda - São Paulo/SP
Telefone/Fax: (11) 3392-3336
www.universodoslivros.com.br
e-mail: editor@universodoslivros.com.br
Siga-nos no Twitter: @univdoslivros

Sam Beckbessinger

GERENCIE O SEU DINHEIRO COMO, ALGUÉM FODA

O melhor conselho financeiro que você nunca recebeu – até agora

São Paulo
2021

Manage your money like a f*cking grown-up
Copyright © 2018 Sam Beckbessinger
Copyright © illustrations by Nanna Venter
All rights reserved. Published by Jonathan Ball Publishers (South Africa) and Robinson (UK).

Copyright © 2020 by Universo dos Livros
Todos os direitos reservados e protegidos pela Lei 9.610 de 19/02/1998.
Nenhuma parte deste livro, sem autorização prévia por escrito da editora, poderá ser reproduzida ou transmitida sejam quais forem os meios empregados: eletrônicos, mecânicos, fotográficos, gravação ou quaisquer outros.

Diretor editorial: Luis Matos
Gerente editorial: Marcia Batista
Assistentes editoriais: Letícia Nakamura e Raquel F. Abranches
Tradução: Cynthia Costa
Preparação: Nestor Turano Jr.
Revisão: Tássia Carvalho
Revisão técnica: Daniela Ferreira de Andrade
Arte: Valdinei Gomes
Capa: Zuleika Iamashita
Ilustrações: Nanna Venter
Diagramação: Vanúcia Santos

Advertência da editora brasileira
Textos, recursos visuais e outras informações foram adaptados da edição original, visando estabelecer relação mais coesa e contextualizada com a realidade brasileira.

Dados Internacionais de Catalogação na Publicação (CIP)
Angélica Ilacqua CRB-8/7057

B356g   Beckbessinger, Sam
Gerencie o seu dinheiro como alguém foda! / Sam Beckbessinger ; tradução de Cynthia Costa.
— São Paulo : Universo dos Livros, 2021.
256 p., il.

ISBN: 978-85-503-0520-2
Título original: Manage your money like a f*cking grown-up

1. Finanças pessoais 2. Educação financeira I. Título II. Costa, Cynthia

20-1600   CDD 332.024

SAM BECKBESSINGER

É ESCRITORA E EMPREENDEDORA E PASSOU BOA PARTE DA ÚLTIMA DÉCADA CRIANDO FERRAMENTAS PARA AJUDAR PESSOAS A GERENCIAREM MELHOR O SEU DINHEIRO. SAM TAMBÉM ESCREVE FICÇÃO E JÁ TROCOU UM "TOCA AQUI!" COM BARACK OBAMA (SÉRIO MESMO). ELA MORA NA CIDADE DO CABO, NA ÁFRICA DO SUL.

PARA JACK BOGLE E TODAS AS PESSOAS
QUE CONFIARAM A MIM AS SUAS HISTÓRIAS FINANCEIRAS.

SUMÁRIO

POR QUE ESCREVI ESTE LIVRO?...11

A ABORDAGEM DESTE LIVRO..13

ADVERTÊNCIA JURÍDICA..15

CAPÍTULO 1 – ESTE LIVRO É PARA VOCÊ...17
- Dinheiro e liberdade 17
- A economia está quebrada... 29
- Seu cérebro e o dinheiro... 38

CAPÍTULO 2 – INTENSIVÃO SOBRE DINHEIRO...45
- O dinheiro é simples; os caras das finanças é que querem que você ache complicado................................... 48
- Poupe seu dinheiro 50
- Faça seu dinheiro crescer 58
- Guarde bem o seu dinheiro 70

CAPÍTULO 3 – ORGANIZE-SE!..77
- Seu painel financeiro 77
- Rastreie seu dinheiro 78
- Categorize seus gastos 81
- Bônus: verifique o seu score 86
- Pare! Hora de analisar 88
- Gerenciando os sentimentos 90

CAPÍTULO 4 – DESCUBRA O JOGO QUE ESTÁ JOGANDO.......................95
- Jogue um jogo de cada vez.. 95
- Tudo junto e misturado 115

CAPÍTULO 5 – DEFENDENDO SEU DINHEIRO 117
- Pague-se primeiro 117
- Como enfrentar as despesas 118
- Gastos fixos 121
- Lidando com exceções 126
- O fluxo do "Caramba, preciso de dinheiro rápido" 130
- Gastos do dia a dia 132
- Lar, caro lar 139
- Seu carro deixará você pobre 151
- Tudo que você precisa saber sobre impostos 158
- Dinheiro e família 162

CAPÍTULO 6 – FAZENDO DINHEIRO 171
- O que você quer fazer quando crescer? 171
- Financiamento educacional 175
- Renda extra 178
- Não existe dinheiro de graça 182

CAPÍTULO 7 – INVISTA CORRETAMENTE 189
- Princípios gerais de escolha de investimento 189
- Contas bancárias básicas 191
- Corte os cartões de crédito ao meio 193
- Investimentos 197
- Alguns princípios para investir 198
- Investindo para a sua aposentadoria 208
- Investindo para a liberdade 215
- Seguros 221

CAPÍTULO 8 – MANTENDO A MOTIVAÇÃO 233
- Tudo molezinha demais para você, meu bem? Quer cair de cabeça na matemática financeira? 233
- Seus novos hábitos financeiros 237
- Procure um consultor financeiro 241
- Aproveite a vida 246

REFERÊNCIAS 251

AGRADECIMENTOS 253

POR QUE ESCREVI ESTE LIVRO?

PASSEI BOA PARTE da última década tentando criar ferramentas melhores para as pessoas gerenciarem o seu dinheiro. Não fiz isso por considerar dinheiro uma coisa particularmente interessante. Como você verá, o dinheiro é, na verdade, muito simples. Fascinantes, isso sim, são os seres humanos, as suas escolhas de vida e as histórias que contam uns aos outros sobre como o mundo funciona.

Dediquei incontáveis horas entrevistando pessoas para saber o que elas querem do dinheiro, do Reino Unido à Uganda, passando pelo Quênia, África do Sul e Zimbábue, até os Estados Unidos. As pessoas me contaram sobre os seus planos, as suas esperanças, os seus sonhos e também sobre os seus medos.

Sabe o que descobri? Que as histórias contadas sobre dinheiro não passam, em sua maioria, de pura baboseira.

Nós não recebemos um manual de instruções sobre como o dinheiro funciona. Não temos de adquirir uma CNG (Carteira Nacional para Gastar) antes de levarmos um novo cartão de crédito para dar uma voltinha. Boa parte do que aprendemos sobre dinheiro vem da publicidade ou de outras pessoas que sabem bem pouco, tanto quanto nós. Não é de se admirar que cometamos erros tão básicos. E que nos sintamos tão *desempoderados* e assustados. Não é à toa, também, que muitos simplesmente optem por se fingirem de mortos e nunca lidem de fato com a questão.

Eu decidi escrever este livro porque muitas das pessoas com quem conversei expressaram o desejo de ler um livro assim.

Levei muito tempo para entender o dinheiro. Posso contar uma coisa meio louca? Até os meus trinta anos, com frequência tinha vontade de me debulhar em lágrimas toda vez que alguém tentava falar seriamente comigo sobre finanças. Me fechava completamente e saía correndo. Carregava uma narrativa na minha cabeça de como os meus pais eram ruins com dinheiro, então eu só podia estar condenada a ser ruim com dinheiro também. Sendo assim, só me restava ignorar o assunto e pensar sobre coisas mais importantes, como arte e filosofia. (Sim, eu era uma mané pretensiosa.) Infelizmente, o lema *ignore o assunto!* não é uma boa estratégia; é o caminho mais curto para uma montanha de dívidas e, pior, para a incapacidade de sair de um relacionamento ou de um emprego que te faz infeliz porque você não pode se dar ao luxo de fazer isso, literalmente. Sei bem disso.

Demorei um bom tempo para ganhar coragem e me dedicar a entender como o dinheiro funciona de verdade. E quero ajudar você a ganhar coragem também. Coragem ou vergonha na cara. Independentemente do seu gênero e da sua idade.

Aliás, escrevi este livro para mim mesma, porque gostaria de colocá-lo numa máquina do tempo e enviá-lo para a Sam de 25 anos, quando estava confusa e assustada, vagando pelo mundo com um diploma de Escrita Criativa e se perguntando como diabos ia dar conta de pagar o aluguel.

Oiê, eu de 25 anos. As coisas vão melhorar. Aproveite que está mais gostosa do que nunca e menos ferrada do que imagina. Sim, a economia está quebrada. Mas você não se dá conta de que existem opções. Respire fundo. Tá tudo sob controle.

E uma última coisa que você precisa saber sobre mim: tenho boca suja. Não me culpe, culpe a minha mãe, que fala mais palavrão que torcedor de futebol em dia de final. A segunda palavra que aprendi na vida foi *merda*.

Além disso, uma vez troquei um *toca aqui* com Barack Obama (sério mesmo). O que não tem nada a ver com este livro. Eu só gosto de contar essa história para todo mundo.

A ABORDAGEM DESTE LIVRO

ESTE LIVRO FOI concebido como uma referência, então se sinta à vontade para ignorar as partes chatas e vá direto para o que mais te interessa no momento. Pode deixar que não vou levar para o lado pessoal.

O **capítulo 1** (página 17) define o contexto e incentiva você a refletir sobre por que o dinheiro é importante para você. Também falamos a respeito de por que lidar com dinheiro é difícil para o cérebro humano.

Vale a pena compreender uns princípios básicos sobre dinheiro. Por isso, há uma — e apenas uma — seção teórica no **capítulo 2** (página 45), que ensina você sobre patrimônio, juros compostos e diversificação. Esses são, literalmente, os três únicos conceitos financeiros que a maioria das pessoas precisa compreender. Você pode até pular essa seção se for uma pessoa SUPERPRÁTICA e estiver ocupada RESGATANDO GATINHOS DE RUA. Mas a abordagem deste livro fará mais sentido se você ler esse capítulo.

No **capítulo 3** (página 77), passaremos um tempo analisando a nossa situação financeira atual. Vamos reunir informações sobre contas e gastos para entendê-los direitinho. Já o **capítulo 4** (página 95) traça objetivos e esmiúça como faremos para alcançá-los. Esses dois capítulos servem de base para tudo o mais que iremos discutir, então complete todos os exercícios antes de continuar a leitura.

Você sempre sentiu como se houvesse mês demais para salário de menos? Bem, no **capítulo 5** (página 117), aprenderemos a controlar esses gastos e a separar dinheiro para poupar. No **capítulo 6** (página 171), falaremos de como engordar essas economias conseguindo um aumento de salário, fazendo renda extra ou expandindo a educação financeira.

Esses capítulos foram projetados para que você possa consultá-los com facilidade quando precisar.

No **capítulo 7** (página 189), exploraremos os melhores tipos de investimento para atingir os nossos objetivos. Basta ler as seções que se encaixem na sua situação financeira.

Por fim, no **capítulo 8** (página 233), vamos criar alguns rituais e hábitos para ajudar a manter a sua motivação. Volte a esse capítulo quando empacar e estiver precisando de um pouco de incentivo.

ADVERTÊNCIA JURÍDICA

O.K., GENTE, VAMOS esclarecer umas coisas logo, para que os meus diletos editores e eu não sejamos processados.

Eu não sou certificada como consultora financeira. Com este livro, quero ajudar você a entender alguns conceitos básicos sobre dinheiro e mostrar caminhos para que você possa organizar a sua vida financeira. Se a sua situação for complicada, procure ajuda profissional. O capítulo 8 tem conselhos sobre isso.

No setor financeiro, as coisas mudam o tempo todo. Quando falo sobre determinados tipos de investimento (em forma de propriedade ou ações), estou me baseando no histórico do seu desempenho, mas isso não garante que continuem assim no futuro. O mundo pode mudar, o que pode tornar incorretas algumas coisas escritas aqui, caso você leia este livro no futuro. Além disso, a economia mundial provavelmente entrará em colapso a qualquer momento (valeu, Trump), os oceanos transbordarão e passaremos a uma economia baseada no escambo de enlatados e água potável. Nesse caso, não tenho a mais vaga ideia de qual investimento será melhor. Mas os princípios básicos que você aprenderá aqui — como poupar, investir e diversificar — provavelmente se manterão na maioria dos cenários possíveis.

Sou sul-africana (o que é maravilhoso graças ao sol e ao sanduíche Gatsby e bem menos legal por causa da desigualdade social e do racismo sistêmico). Este livro foi originalmente escrito para sul-africanos, mas depois foi adaptado para publicação em outros países. As piadas foram igualmente adaptadas.

Todo o dinheiro foi adaptado para reais nesta edição, salvo quando indicado. Estou supondo um rendimento de 7% ao ano por investimento (crescimento além da inflação), a menos que eu diga o contrário. Isso é aproximadamente o que o retorno médio anual do S&P 500[1] tem sido desde o seu início, em 1928 (com dividendos reinvestidos). Obviamente, os seus retornos podem não ser de 7%.

Nem a autora nem os editores podem ser responsabilizados por qualquer ação ou reivindicação resultante do uso deste livro.

---

[1] Abreviação de *Standard & Poor's 500*, termo que se refere ao índice composto de quinhentos ativos cotados nas bolsas de NYSE e NASDAQ. (N. E.)

CAPÍTULO 1

ESTE LIVRO É PARA VOCÊ

DINHEIRO E LIBERDADE

■ ASSUMIR O CONTROLE DO SEU DINHEIRO SIGNIFICA ASSUMIR O CONTROLE DA SUA VIDA

Olhar para as transações bancárias que você fez é como olhar para um diário da sua vida. O almoço com a sua mãe de dois anos atrás — lá está a fatura. A academia que você pagou e nunca frequentou. A conta do veterinário do seu cachorro. Aquele fim de semana em que você viajou com o melhor amigo. Aqui está a primeira coisa que você precisa considerar: **pare de pensar que, quando se trata de dinheiro, é preciso pensar somente com a razão, não com a emoção**. O dinheiro *deve* estar ligado às emoções.

Estar mais no controle do seu dinheiro significa direcioná-lo mais para as coisas que realmente importam para você. E isso quer dizer que, para se tornar uma pessoa responsável com o seu dinheiro, você precisa começar descobrindo o que realmente importa para você. Facinho, certo?

Você não tem uma reserva infinita de dinheiro, a não ser que tenha encontrado um gênio da lâmpada ou algo do gênero. Então a única alternativa é ser sincero consigo mesmo e refletir sobre o que você quer da vida. Claro, você talvez se imagine como maratonista e chef de cozinha, desfilando por aí fabulosamente, no mais puro estilo retrô, com passaporte carimbado seis vezes ao ano e jantares com os amigos toda santa noite, morando em uma casa de cinema, com uma empresa própria e um hobby magnífico, como pintar minirretratos de esquilinhos nas horas vagas. Mas, pensando de maneira realista, você só pode escolher algumas dessas coisas. Você pode fazer o que quiser, mas não tudo.

Ninguém, na verdade, quer dinheiro. Queremos as coisas que o dinheiro nos permite fazer. Ter dinheiro é ter liberdade.

■ VOCÊ GANHA CONTROLE QUANDO FICA MAIS CONSCIENTE DAS SUAS ESCOLHAS

A próxima grande coisa que você precisa perceber é que quase tudo conspira para que você não faça da sua vida o que realmente quer.

Todas as empresas do mundo querem que você compre o que elas estão vendendo. Gastam bilhões e bilhões por ano em marketing e publicidade com o único objetivo de fazer você pensar que quer um monte de porcaria que você não queria antes de lhe dizerem que você queria. São assustadoramente boas no que fazem. Moldam a cultura e fazem você acreditar em ideias como *comer batatinha frita faz você se sentir melhor* e *ninguém vai te amar a menos que você tenha um tipo muito específico de beleza* e *caro é sinônimo de qualidade*. Mas essas não são ideias suas. Elas foram cuidadosamente implantadas em seu cérebro para vender coisas. E distraem você do que realmente importa.

E ainda existem as outras pessoas, pessoas que se importam de fato com você, mas que também tentam impor os seus próprios valores, como seus pais. Pode ser que imaginem uma boa vida para você em uma grande casa de condomínio, com um trabalho estável e muito dinheiro. Mas esses valores vêm de um mundo que não existe mais — trabalho estável, haha! Além disso, esses não são necessariamente os seus valores.

Os amigos podem ajudar ainda menos. Todos nós imitamos os nossos amigos. Temos inveja das férias deles, dos seus posts no Instagram, das coisas que compram. Mas não sabemos, na verdade, como estão financiando tudo isso, e do que tiveram de abrir mão.

Um cara chamado Rob Greenfield decidiu que a coisa mais importante para ele é viajar pelo mundo. Assim, ele possui exatamente 111 itens e passou os últimos cinco anos vagando pelo mundo com essas coisas nas costas. Mas isso não é, provavelmente, o que todo mundo quer fazer da vida.

O ponto é: você tem mais opções do que imagina. Estar no controle do seu dinheiro significa fazer escolhas de maneira mais consciente, porque, se não fizer isso, vai acabar gastando tudo com as ideias que os publicitários inserem na sua cabeça.

Você é mais inteligente que isso. Vai ter coragem de sonhar grande.

COMECE A IMAGINAR UM FUTURO

Ao pensar no futuro, qual dos itens abaixo você acha que combina mais com você?

- Uma bela casa no interior.
- Ter um dos melhores carros esportivos do mundo.
- Viver em um chalé à beira de um lago tranquilo.
- Viajar pelo mundo.
- Refinar uma habilidade para se tornar um artista ou artesão de renome.
- Voluntariar-se em um serviço comunitário.
- Fazer um MBA.
- Ter uma grande família e tempo para passar com ela.
- Frequentar shows de boa música.
- Dar festas em uma mansão.
- Recomeçar a vida em outro país.
- Embarcar em aventuras radicais.
- Tornar-se um empreendedor de sucesso.

Que outros futuros moram no seu coração?

TENTAR PARECER RICO É O QUE DEIXA A GENTE POBRE

Com vinte e poucos anos, namorei um menino que tinha o carro mais xexelento já visto no mundo. Era um Jetta de doze anos, composto 90% por ferrugem, que vivia pifando no meio da rodovia. No início do namoro, imaginei que o garoto vinha de uma família normal. Sentia um pouco de pena dele com aquele carro horroroso. Então, após alguns meses de namoro, conheci a família dele. E descobri, para a minha grande surpresa, que eles eram ricos. Do tipo podres de ricos.

Veja só que o cara tinha comprado um Jetta. Com dinheiro vivo. Que tinha guardado desde criança. Não passou pela cabeça de ninguém da família dele fazer um financiamento para comprar um carro. Pessoas de famílias ricas conhecem esses segredos. São ensinadas a viver de maneira frugal até poder bancar, de fato, o seu estilo de vida. São alérgicas a cartões de crédito e financiamento de carro.

Da próxima vez que estiver dirigindo por aí com inveja daqueles carrões ao seu redor, pare por um momento e pergunte-se quantos daqueles motoristas realmente são donos daqueles carros, e quantos são, na verdade, escravos do banco. Podem até ser escravos bem pagos, com certeza, mas não deixam de ser escravos, pois cada escolha sua é regida por quanto ganham. **É isso que a dívida faz com você.** Força-o a ganhar dinheiro, obsessivamente, porque você tem que pagar de volta aquilo que deve.

Compare isso a uma pessoa que vive de maneira modesta, comendo pãozinho no café da manhã em vez de se deliciar num buffet de hotel cinco estrelas. Que faz compras em supermercado atacadista, e não no empório chique do bairro. Que poupa cada centavo que ganha e, assim, consegue investir e adquirir bens. O dinheiro fica gerando mais dinheiro enquanto essa pessoa dorme, de modo que ela possa trabalhar cada vez menos e passar menos tempo pensando em como fazer dinheiro e menos tempo se preocupando com isso. **É assim que vive a pessoa rica, verdadeiramente rica, porque suas escolhas são livres.** E talvez você nunca adivinhasse isso apenas olhando de fora para o estilo de vida dela.

> TENTAR PARECER RICO É O
> QUE DEIXA A GENTE POBRE.

■ PRESSUPOSTOS

O povo das ilhas da Melanésia, próximas da Austrália, nunca tinham entrado em contato com tecnologias avançadas até suas ilhas tornarem-se um porto estratégico para as Forças Aliadas durante a Segunda Guerra Mundial. De repente, aviões de carga começaram a largar pelos ares caixas de produtos manufaturados, remédios ocidentais e alimentos enlatados — tudo que os habitantes locais nunca tinham visto antes, e que teve um súbito e profundo impacto em sua sociedade.

Quando as tropas se retiraram, a carga parou de cair dos céus. Uma porção de seitas surgiu na ilha, com pessoas imitando o que haviam visto os forasteiros fazerem, esperando que isso fizesse novas cargas caírem dos céus — ou, pelo menos, foi assim que antropólogos ocidentais interpretaram o que estava acontecendo. Os ilhéus vestiram fardas de soldados. Fabricaram espingardas de madeira e praticavam tiros com elas. Fizeram fones de ouvido de madeira e os usavam como se fossem controladores de tráfego aéreo, fazendo sinais nas pistas de pouso. Obviamente, isso não trouxe os aviões de carga de volta. Ocidentais são geralmente bem limitados na compreensão de outras culturas, então não leve esse episódio tão a sério. A metáfora, porém, é boa.

Como somos ansiosos, tratamos a vida adulta como um culto aos aviões de carga. Quando me mudei para o meu primeiro apartamento, gastei uma fortuna comprando uma montanha de tralhas. Comprei uma travessa para servir, apesar de eu nunca ter preparado nenhum prato que tivesse de ser servido em uma travessa, e provavelmente nunca prepararei. Comprei um belo vaso de vidro. Comprei cera, mas o apartamento tinha piso frio. Por que comprei essas coisas? Porque eram coisas que as outras pessoas tinham. Acho que pensei que, se tivesse essas coisas *adultas*, eu me sentiria adulta. Eu automaticamente saberia como desengordurar panelas e como fazer tabelas dinâmicas no Excel. De uma hora para outra, eu adquiriria o conhecimento de como desentupir canos e consertar tetos. Eu já não teria mais aquela sensação vaga e difusa de não saber quem eu era, o que eu queria, nem para que servia a vida.

Alerta de *spoiler*: a minha travessa de servir não diminuiu esse pavor existencial. Nem um pouquinho.

Fazemos uma porção de coisas porque pensamos que é o que devemos fazer. Quando estamos elaborando um orçamento, há um monte de despesas que chamamos de *necessidades* — pensamos que precisamos de um plano de academia, de um smartphone, de um sofá enorme, de uma cozinha sofisticada e de roupas caras. São essas as coisas que sugam a maior parte do nosso dinheiro, então acabamos com quase nada para gastar com os nossos *quereres* — **férias, experiências, shows de música, aventuras com nossos amigos, hobbies esquisitos.**

Ironicamente, ***as necessidades*** **são, provavelmente, o motivo da sua falência.** E elas nem são as coisas que você quer. São as coisas que você pensa que deve ter.

▌DINHEIRO NÃO COMPRA (MUITA) FELICIDADE

Pessoas que dizem que dinheiro não compra felicidade nunca estiveram à míngua. Mas a relação entre dinheiro e felicidade não é tão simples quanto você imagina.

Pesquisadores têm passado muito tempo estudando se dinheiro nos torna felizes.[2] Afirmam que o dinheiro definitivamente te faz mais feliz, mas a relação é mais ou menos esta aqui:

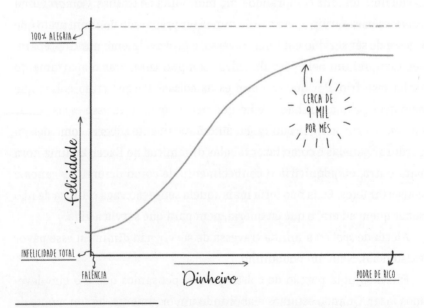

---

2 Obrigada, <https://80000hours.org/articles/money-and-happiness>, pelo excelente resumo. Acesso ao link (em inglês) efetuado em: 9 jun. 2020.

Assim, se você der 100 reais a mais por mês a uma pessoa pobre, isso fará uma enorme diferença na vida dela. Mas, se der os mesmos 100 reais a uma pessoa rica, ela mal vai perceber.

Para além de um certo nível, mais dinheiro não torna a gente significativamente mais feliz. Calculo que esse número divisório seja cerca de 8,8 mil reais por mês (valor bruto por indivíduo, mais 3,2 mil reais por dependente por mês).[3] Uma vez que você estiver ganhando mais do que isso, outras coisas começam a ser muito mais importantes do que dinheiro, como a sua saúde, os relacionamentos e um senso de propósito.

Subestimamos a rapidez com que nos acostumamos a coisas agradáveis. Se você brindar com champanhe só quando há algo para celebrar, essa bebida permanece especial. Mas se, como o rapper Birdman, você seguir uma dieta de 24 horas de champanhe, essa bebida se torna muito menos empolgante. Esse é o chamado círculo vicioso hedônico: um jeito chique de dizer que você sempre quer o que não pode ter e como as coisas agradáveis viram uma espécie de pano de fundo na sua vida, de modo que você nem as percebe mais.

Sério, se você estiver sentado em casa agora, basta erguer os olhos deste (eu sei, lindíssimo) livro e olhar para toda a tranqueira ao seu redor. Você se lembra de ter comprado todos esses móveis? Você se lembra de pensar que esses abacaxis em miniatura te fariam mais feliz? Com que frequência você passa por essas coisas sem notar?

Isto é o engraçado do círculo vicioso hedônico: quando as coisas estão estáveis e consistentes, nós nos acostumamos com elas mais rapidamente, e o impacto que têm na nossa felicidade é menor. Assim, por irônico que seja, você pode até usar o sofá no dia a dia, mas isso acrescenta menos

---

[3] Gostaria de saber como eu cheguei a esse número? Uma pesquisa da empresa londrina 80,000 Hours sugere que você precisaria de 45 mil dólares por ano (em 2016) para viver nos Estados Unidos. No início de 2019, isso seria o equivalente a cerca de 185 mil reais por ano. Mas o custo de vida no Brasil é cerca de 160% mais barato do que nos Estados Unidos (de acordo com a calculadora de custo de vida do Numbeo). Partindo do princípio de que você também queira poupar 10% por mês para a aposentadoria, isso significaria um salário líquido de 6,7 mil reais, ou bruto de 8,8 mil reais. Para os dependentes, eu usei a sugestão da 80,000 Hours de um extra de 20 mil dólares por ano (cerca de 82 mil reais no início de 2019, menos a diferença de 160% no custo de vida e considerando os descontos de impostos) e apliquei os mesmos ajustes, desconsiderando apenas a economia da aposentadoria. As crianças que se virem com as suas respectivas aposentadorias.

felicidade à sua vida do que, por exemplo, um feriado. Isso significa que é muitas vezes mais racional gastar o seu dinheiro com loucas aventuras que só acontecem uma vez do que com utensílios domésticos sensatos. É o que diz a ciência.

Segundo pesquisas, há algumas coisas às quais nunca nos adaptamos, como enfrentar um longo trajeto diariamente.[4] Isso porque muitas coisas inesperadas, que você não pode prever nem controlar, podem acontecer no caminho. (Um dragão cor-de-rosa brilhante voa baixo e tenta acasalar com o seu trem.) Um longo trajeto nos deixa infelizes regularmente. Assim, pesquisadores inteligentes que investigam como funciona a felicidade humana sugerem que você será mais feliz morando em um apartamento pequenino próximo ao trabalho do que em uma mansão chique e enorme que fique distante dele.

E, então, há o propósito. Propósito é uma questão difícil para todos nós. Mas acho que nós todos compreendemos, em algum nível, que doar-se para outras pessoas é mais gratificante, e, no fim das contas, nos torna mais felizes do que concentrar continuamente o tempo e a atenção em nós mesmos. Um dos grandes objetivos da segurança financeira é o de nos libertar da preocupação com nossas próprias necessidades. **É difícil ser generoso quando se está preocupado** com boletos vencidos.

DINHEIRO COMPRA FELICIDADE?

- Quais são as suas cinco melhores lembranças do ano passado?
- Quais são as cinco coisas com as quais você gastou mais dinheiro no ano passado?
- Quantas coisas estão nas duas listas?
- Revendo a sua vida, que tipo de gasto desperta mais a sensação de culpa em você?

---

4 Fonte: <https://www.forbes.com/sites/amymorin/2014/12/07/want-to-be-happier-change-your-commute-or-change-your-attitude> (em inglês). Acesso em 9 jun. 2020.

■ TENHA A CORAGEM DE SONHAR GRANDE

Você já pensou sobre o que precisaria fazer para se aposentar daqui a dez anos?

Pera aí, você deve estar pensando... "Escolhi o livro errado. Não trabalho investindo na bolsa, sua maluca. Não ganho *nem perto* disso. Com quem essa doida acha que está falando?".

Respire fundo. Me dê uma chance para eu explicar.

A seguir, você encontra uma tabela da porcentagem de dinheiro que você precisa economizar para ter exatamente a mesma renda daqui a determinada quantidade de anos. Por exemplo, vamos supor que você queira que o dinheiro dure por tempo indefinido, de modo que não importe quanto tempo você ainda viverá.

O.k. Digamos que você esteja hoje com 25 anos, começando a carreira e ganhando 2 mil reais por mês. Viver com esses 2 mil reais é apertado, mas possível.

Você cozinha em casa, divide apartamento com alguns amigos, bebe cerveja barata e compra roupa em brechó. Mas não é o estilo de vida que você gostaria de ter para o resto de sua vida. Aí você trabalha duro, faz especializações, arruma freelas aqui e ali e, aos trinta, passa a ganhar 4 mil reais. (Digamos que não tenha havido inflação.)

Quantos anos você tem de trabalhar antes de se aposentar

Porcentagem da renda que você poupa	Anos de trabalho até se aposentar
5	66
10	51
15	43
20	37
25	32
30	28
35	25
40	22
45	19

50	17
55	14.5
60	12.5
65	10.5
70	8.5
75	7
80	5.5
85	4
90	3
95	2
100	zero

Pressupostos[5]
- Os seus investimentos estão rendendo 7% além da inflação em seus anos de trabalho.
- Você vai viver de uma retirada de 4% após a aposentadoria.
- Você quer que as suas economias durem para sempre.

Agora, vamos falar sobre as suas opções.

Você poderia gastar os 4 mil reais inteiros no mês. Mas, gastando tudo o que ganha, você sempre estará infinitamente longe da aposentadoria. Nunca poderá parar de trabalhar, porque, no dia em que você parar, o dinheiro acaba.

Se tivesse, porém, conseguido manter os gastos como eram antes, ou seja, de quando você ganhava 2 mil reais, você poderia se aposentar em quinze anos. Com a idade de 45 anos. **É tão impossível assim?** E, se pudesse poupar apenas duzentos reais a mais — e viver com oitocentos —, você poderia se aposentar em dez anos.

Se você estiver em situação um tanto melhor — aos trinta anos e ganhando 8 mil reais por mês —, se aposentar daqui a dez anos é ainda mais viável. Fácil, até. Você precisaria viver com 3,6 mil reais.

O.k., agora vamos ao pulo do gato. Eu não espero que a maioria de vocês poupe 65% de sua renda e se aposente aos trinta anos. Mas *você poderia fazer isso se quisesse*. A cada mês que você opta por não fazer, pense do que está abrindo mão. Se estiver gastando 90% do seu dinheiro quando poderia estar gastando 50%, você está dizendo que o seu atual

---

[5] Esse excelente quadro baseia-se nas seguintes informações: <https://www.mrmoneymustache.com/2012/01/13/the-shockingly-simple-math-behind-early-retirement/> (em inglês). Acesso em: 9 jun. 2020.

estilo de vida *vale a pena de 27 anos de trabalho* a mais para você. Se valer mesmo, ótimo! Fico feliz que você goste tanto do seu trabalho.

Agora, a aposentadoria não precisa ser sinônimo de velhice e total dependência da previdência do governo. A aposentadoria pode significar apenas que você chegou ao ponto em que não precisa mais trabalhar para ganhar dinheiro. Se você ama tanto o seu trabalho que o faria de graça, agora você pode trabalhar de graça se assim quiser. Você também pode se dedicar a outras atividades profissionais, ou passar o tempo contribuindo para o mundo de outras formas.

A aposentadoria também não precisa ser um período único da sua vida. Eu sou uma grande adepta das microaposentadorias (ou períodos sabáticos) ao longo de toda a vida. E já tirei dois desses períodos: um ano em que fui viajar (um intervalo entre uma carreira e outra) e um tempo que tirei para escrever este livro (sentada em um chalé em Stroud, na Inglaterra, com uma gata velhinha chamada Jemima no meu colo). E essas estão entre as fases mais interessantes da minha vida. Eu fui capaz de pagar por elas porque sacrifiquei um pouco do meu estilo de vida e poupei.

Se quiser ter filhos, ser capaz de tirar alguns anos para passar com eles quando forem pequenos pode ser muito importante para você. Ou talvez você queira abrir um negócio.

Mais do que qualquer outra coisa, **ter dinheiro significa poder passar o tempo da maneira que você bem entender**. E ser rico na moeda do tempo é superimportante, porque um dia você vai morrer.

Aqui vai uma coisa engraçada sobre a riqueza: quanto mais saudáveis forem as nossas finanças, mais podemos nos dar ao luxo de não nos preocuparmos com dinheiro. Organizar-se financeiramente significa comprar liberdade. Não são só os babacas que querem exibir por aí relógios de ouro e carros extravagantes que devem se importar com dinheiro — é qualquer um que queira fazer mais da vida além de comprar. **É qualquer um que queira se libertar da preocupação com dinheiro, com uma possível perda de emprego, com toda segunda-feira.**

A DÍVIDA TORNA O SEU TRABALHO OBRIGATÓRIO.
POUPAR É LIBERDADE.

■ COMECE CERTO E COMECE AGORA

Quanto mais cedo você começar a organizar suas finanças, melhor para você. Você não pode simplesmente fingir que dará um jeitinho quando a velhice chegar. Graças à maneira como os juros compostos funcionam, as escolhas que você faz agora terão um impacto muito maior em sua vida do que as que você fizer mais tarde. **Começar certo e começar agora faz uma grande diferença.** Você não tem tempo a perder. Tá me ouvindo? Eu preciso que você trate isso como uma emergência. Você precisa começar a se organizar já — não daqui a vinte anos, nem no ano que vem, mas agora. Agora mesmo.

Você pensa que não tem como poupar? *Você não tem como não poupar.* Graças aos juros compostos, **cada cem reais não investidos quando você ainda tem 25 anos equivalem a cerca de 1,5 mil reais do futuro** jogados pela janela, por exemplo. Você aprenderá mais sobre isso no capítulo 2.

Se pegou este livro, significa que você já está a meio caminho. ☺

■ VAMOS FAZER AS COISAS DE FORMA DIFERENTE, VOCÊ E EU

Vamos recapitular.
- Dinheiro é liberdade. O que importa é poder tomar decisões sem que o dinheiro seja um fator limitante.
- Se quisermos nos sair melhor financeiramente do que a maioria das pessoas, não podemos fazer o que todo mundo faz. Temos de redefinir a nossa noção do que é normal. Temos de ignorar todos que tentam nos impor a sua ideia do que é ter uma vida adulta.
- Temos de poupar para os momentos em que não estaremos trabalhando (aposentadoria, em caso de doença, ou para quando optarmos por tirar períodos sabáticos), para que possamos ter uma renda mesmo quando não estivermos trabalhando por ela.
- Se quiséssemos, poderíamos nos aposentar daqui a dez anos.
- Não superestime o quanto de felicidade você obtém ao comprar um

monte de tralha. Na maioria das vezes, as coisas simplesmente desaparecem no pano de fundo das nossas vidas. **Devemos gastar menos dinheiro com coisas.**
- Depois de atendidas as necessidades básicas, as melhores coisas com que se pode gastar dinheiro são: experiências, saúde, pessoas que amamos e liberdade para ajudar os outros.
- Tentaremos gastar o **mínimo de tempo possível indo e voltando do trabalho.**

A vida é feita de trocas. Ter uma mansão é muito importante para você? Tudo bem — mas isso provavelmente quer dizer que você se aposentará na pobreza, nunca poderá viajar e terá de trabalhar num cargo corporativo que você odeia.

Certifique-se de que você realmente deseja as coisas que compra e que não está apenas seguindo o script da vida adulta.

Não se trata de ser pão-duro. Trata-se de gastar cada centavo com o que trará maior valor para você.

Não se deixe aprisionar. Tenha coragem. Tenha um sonho maior do que aquele que o mundo quer que você tenha. Não deixe que a publicidade transforme você em consumidor. **Você não é um consumidor, você é um unicórnio mágico e seus sonhos são importantes.** O que você quer da vida é importante. Você tem as suas esquisitices e é uma pessoa única que pode ser tão foda quanto quiser ser.

Pare de fazer dinheiro e comece a fazer uma vida.

A ECONOMIA ESTÁ QUEBRADA
■ O SONHO DA CLASSE MÉDIA NÃO É REAL

Vamos falar da narrativa meio consciente que você provavelmente carrega em sua mente de como as pessoas devem lidar com dinheiro. Parece-se um pouco com a imagem alocada nas próximas páginas, certo? Mas esse é um script que não funciona. O sonho da classe média não passa disso — de um sonho. E persegui-lo custa a nossa liberdade.

O mundo está se tornando um lugar mais desigual a cada dia, o que significa que está ficando mais e mais difícil para as pessoas que nascem pobres se tornarem ricas ao longo de suas vidas. Qual é a melhor maneira de ficar rico? Nascer rico.

Nosso mundo é um lugar terrível:[6]
- As 85 pessoas mais ricas do mundo valem mais do que as 3,5 bilhões mais pobres.
- O 1% mais rico concentra 46% da riqueza do mundo.
- O patrimônio médio na Austrália é de 220 mil dólares (cerca de 900 mil reais). Na Grã-Bretanha, é de 112 mil dólares (cerca de 450 mil reais). Na Índia, é de 1.040 dólares (4,2 mil reais).
- Um patrimônio de mais de 4 mil dólares (cerca de 16 mil reais) coloca você na metade mais rica, entre os cidadãos do planeta.

Ao observar o aumento da automação de postos de trabalho, o aumento do populismo, a facilidade com que os ricos escondem ilegalmente o seu dinheiro em paraísos fiscais, o poder que as grandes corporações têm sobre os governos e a mudança climática (que tem um impacto muito pior nos países pobres e gerará mais fluxo de refugiados), é difícil imaginar como isso pode melhorar.

Podemos assistir a *Downton Abbey* e pensar *nossa, graças a Deus que a sociedade está muito mais igualitária hoje em dia!* E é verdade! Diversos países se tornaram um lugar bem mais justo durante o século xx. Antes da Primeira Guerra Mundial, o 1% do topo retinha 65% de toda a riqueza. Agora, possuem cerca de 40%.[7] Além disso, a probabilidade de morrermos de tuberculose hoje em dia é muito menor do que naquela época, o que é bacaninha.

A notícia menos boa é que a igualdade de riqueza chegou a um auge na década de 1980 e tem piorado de forma regular desde então. Em 1984, o 1% mais rico concentrava apenas 15% da riqueza do mundo, e parecia que estávamos a caminho de uma sociedade verdadeiramente

---

[6] Baseando-se no Relatório de Riqueza Global do Crédit Suisse.
[7] Mais informações em: <https://wir2018.wid.world/files/download/wir2018-full-report-english.pdf> (em inglês). Acesso em: 26 maio 2020.

meritocrática e justa.[8] Mas a mudança na dinâmica dos negócios e dos governos inverteu essa tendência. É isso aí mesmo: Rick Astley não é a única coisa lá dos anos 1980 que ainda nos assombra; há também o fato de que ficou cada vez mais difícil comprar uma casa.[9]

E a desigualdade que vem se aprofundando desde a década de 1980 não é entre a classe trabalhadora e a classe média. É, principalmente, entre os *supermegatrilhardários* e o resto. No caso do Brasil, "10% da população concentra 41,9% da renda total do país, e a parcela do 1% mais rico concentra 28,3% da renda", conforme dados do relatório do Pnud (Programa das Nações Unidas para o Desenvolvimento) publicado em dezembro de 2019. Com isso, o Brasil ocupa o 79º lugar em escala mundial em termos de IDH (Índice de Desenvolvimento Humano) e é o 7º país mais desigual do mundo.[10]

Essas tendências têm se mostrado particularmente injustas com os jovens. Idosos adoram reclamar diante dos jornais sobre como *os voluntariosos* millennials *estão torrando dinheiro com cappuccino e abacate gourmet em vez de darem um jeito na vida e comprarem uma casa*, mas a verdade é que a economia é muito mais difícil hoje em dia do que foi no passado. Depois da quebra de 2008, os britânicos com idade inferior a trinta anos sofreram a segunda pior queda de rendimentos entre todas as economias desenvolvidas, perdendo apenas para a Grécia (o salário real caiu cerca de 13% e nunca se recuperou).[11] A porcentagem de pessoas de 25-29 anos de idade que podem comprar uma casa é 27% menor do que foi um dia para os *baby boomers* da mesma idade,[12] o que não é

---

[8] Aposto que nem você contava com isso, George Orwell.
[9] Por exemplo, na década de 1980, o governo britânico vendeu a maioria das ações de seus conjuntos habitacionais e estimulou a compra de imóveis como investimento, o que ajudou a concentrar as propriedades nas mãos dos ricos, em vez de passá-las às pessoas que realmente moravam nas residências. Fonte: <https://wir2018.wid.world/files/download/wir2018-full-report-english.pdf> (em inglês). Acesso em: 29 maio 2020.
[10] Fonte: Relatório do Pnud 2019 *apud* Portal Uol. In: <https://noticias.uol.com.br/internacional/ultimas-noticias/2019/12/09/com-idh-quase-estagnado-brasil-fica-em-79-lugar-em-ranking-da-onu.htm>. Acesso em: 29 maio 2020.
[11] Fonte: <https://www.resolutionfoundation.org/app/uploads/2018/02/IC-international.pdf> (em inglês). Acesso em: 9 jun. 2020.
[12] Fonte: <https://www.intergencommission.org/publications/cross-countries-international-comparisons-of-intergenerational-trends/> (em inglês). Acesso em: 9 jun. 2020.

nada surpreendente. Na última vez em que vi preços de imóveis em Londres, concluí que eu talvez conseguisse comprar uma caixa de papelão para morar debaixo da ponte.

É como se estivesse jogando Banco Imobiliário, só que você entrou quando o jogo já estava rolando e todas as propriedades já tinham sido compradas pelos *baby boomers*, então você se vê obrigado a mover o seu triste peãozinho pelo tabuleiro, pagando aluguel atrás de aluguel até morrer.

O que quero dizer é: se você sente que o sistema está agindo contra você, é porque está mesmo. Ainda mais se você for mulher. E quadruplique isso se fizer parte de uma minoria[13] ou tiver uma deficiência.

Os jovens de hoje estão de fato mais pobres, em termos reais, do que os jovens da geração anterior. E, ainda por cima, hoje há muito mais bombardeio com publicidade e mídias sociais repletas de inveja e ganância do que qualquer outro grupo que tenha existido antes. Cerca de 70% das pessoas tomam dinheiro emprestado regularmente para bancar gastos cotidianos.[14] Somos atraídos para um ciclo de trabalho duro para comprar cada vez mais quinquilharias de que não precisamos, aprisionando-nos em dívidas cada vez maiores. **É uma nova forma de escravidão, exceto que o que se explora agora é o nosso tempo, a nossa imaginação, o nosso empenho e a nossa paixão.** E poderíamos canalizar tudo isso para fazer arte, inventar coisas, nos divertir com os nossos amigos ou ter conversas profundas no lanche da tarde com as nossas mães.

O que estou dizendo é o seguinte: se você tem algum dinheiro para gerir, já pode se considerar uma pessoa de sorte. E, embora este livro vá ajudar você a usar esse dinheiro para comprar a própria liberdade, não significa que, se conseguir, é porque você é uma pessoa melhor do que as outras. Não culpo os pobres por sua pobreza. Os pobres não são pobres porque não trabalham suficientemente duro, ou porque

---

[13] A taxa de desemprego entre negros, asiáticos e pessoas de minorias étnicas (8%) é quase o dobro com relação aos brancos (4,6%), segundo dados do Reino Unido.
[14] Fonte: <https://www.ft.com/content/8c751ac6-bb63-11e8-94b2-17176fbf93f5> (em inglês). Acesso em: 9 jun. 2020.

são burros, ou porque não sabem gerenciar dinheiro. São pobres porque o sistema está quebrado e age contra todos, exceto um pequeno grupo de pessoas que se concentra no topo. E é muito mais agressivo contra algumas pessoas do que contra outras.

Fazer o que podemos para ter um relacionamento saudável com essa poção verde mágica chamada dinheiro não deve nos impedir de questionar e tentar consertar o sistema, pois foi justamente ele quem nos colocou em uma posição tão vulnerável, excluindo tanta gente.

Mas aí seria outro livro.

NCER NA CLASSE MÉDIA

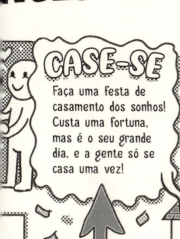

CASE-SE
Faça uma festa de casamento dos sonhos! Custa uma fortuna, mas é o seu grande dia, e a gente só se casa uma vez!

Eu não queria passar um ano no Japão? O que aconteceu com aquela pessoa?

Eu odeio tanto o meu trabalho.

VOCÊ GANHOU?

Onde todas essas coisas foram parar?

COMPRE A CASA DOS SEUS SONHOS
Maior do que você pode pagar, mas dá-se um jeito. Trata-se de um investimento, então o mais inteligente é comprar quantos imóveis puder. Você quer mesmo morar neste bairro? Porra, o importante é aqui e agora!

MERDA...
Sabe-se lá como, a maior parte do seu salário já está gasta antes mesmo de cair na conta, por causa das dívidas. Mas vai ficar tudo bem quando você receber o seu próximo aumento. Vai dar tudo certo...

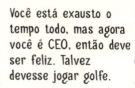

Você está exausto o tempo todo, mas agora você é CEO, então deve ser feliz. Talvez devesse jogar golfe.

TENHA FILHOS
Eles têm de estudar em escola particular para terem chances melhores do que as que você teve! Contrate babás e professores particulares para cuidar deles: você está ocupado demais trabalhando!

CONTINUE TRABALHANDO

Use a fortuna que você fez na venda da casa para se aposentar!

Como ainda me sinto falido?

35

■ UM MINUTINHO SÓ COM VOCÊ, MULHER: VOCÊ NÃO PRECISA DE UM *SUGAR DADDY*, VOCÊ PRECISA É DE UMA CARTEIRA DE INVESTIMENTOS

Vamos falar um pouco sobre por que aprender a gerir o seu dinheiro é especialmente importante se você for mulher.

Em média, as mulheres no Brasil ganham entre 10 e 17% menos do que os homens. Essa diferença de remuneração entre homens e mulheres é um problema mundial, e isso acontece por diversos motivos.

1. As mulheres são preparadas para tipos diferentes de trabalho, e estes são menos bem pagos. Nós compramos bonecas para as meninas e Lego para os meninos.
2. Somos menos propensas a conseguir altos cargos e ganhamos menos para fazer a mesma coisa que os homens. Uma possível explicação para isso talvez seja que os patrões, inconscientemente, acreditem que somos menos competentes do que na verdade somos. Também não ajuda o fato de sermos ensinadas desde pequenas a sermos simpáticas em vez de assertivas, o que significa que somos menos propensas a negociar com firmeza e obter os aumentos de salário que merecemos.
3. As mulheres ainda são responsáveis pela maior parte dos cuidados familiares e do trabalho doméstico (sem falar do tempo que algumas de nós tiram para criar uma vida humana, porque, afinal, alguém tem de realizar essa magia). Isso tudo soma anos de trabalho não remunerado ao longo das nossas vidas, com um enorme impacto negativo em nossas carreiras.

Então, ganhamos menos. Isso já seria revoltante o suficiente. Mas, para piorar a situação, temos mais gastos do que os homens:

1. Em geral, as mulheres vivem mais, o que significa gastar muito mais dinheiro com aposentadoria e despesas relacionadas à saúde.

2. No Brasil, 28,9 milhões das famílias são chefiadas por mulheres,[15] e há mais de 100 mil processos por falta de pagamento de pensões alimentícias.[16] Crianças não são baratas.
3. As indústrias da beleza e da moda foram construídas para fazer as mulheres sentirem que precisam gastar uma quantia absurda de dinheiro todos os anos apenas para conquistarem uma aparência aceitável para o mundo.

Há uma centena de outras razões que eu poderia listar, mas fico tão irritada pensando sobre essa questão toda que preciso parar agora.

Amiga, ouça-me. Você provavelmente vai viver mais tempo. Provavelmente vai ganhar menos do que deveria ganhar. **É uma situação bem injusta**, e precisamos lutar contra ela.

As mulheres devem cuidar ainda mais de gerenciar seu dinheiro do que os homens. No entanto, estranhamente, as pessoas partem do princípio de que o dinheiro não é algo com que devam se preocupar muito. E vão fazer piadinha, dizendo que o seu plano financeiro deveria ser apenas encontrar um bom marido. Você pode inclusive ter dificuldade para encontrar um consultor financeiro que fale com você seriamente sobre o seu próprio dinheiro.

E o que é ainda pior? Uma parte de você acreditará neles. Você terá momentos de dúvida, perguntando-se se um dia vai entender um pouquinho sobre dinheiro.

Não deixe isso acontecer. Você não conseguiria, sozinha, revolucionar os problemas de desigualdade de gênero do mundo. Mas você pode lutar contra isso dentro da sua própria cabeça. Pode se recusar a aceitar a narrativa de que você é apenas uma criança e deve deixar todo esse papo de dinheiro para os adultos. Danem-se esses babacas. Vamos rir deles quando estivermos ricas.

MENINA, SEJA A SUA PRÓPRIA *SUGAR DADDY*.

---

15 Fonte: <http://www.ipea.gov.br/retrato/indicadores_chefia_familia.html>. Acesso em: 9 jun. 2020.
16 Fonte: <https://oglobo.globo.com/sociedade/ao-menos-cem-mil-processos-decobranca-de-pensao-alimenticia-tramitam-hoje-no-pais-22522436>. Acesso em: 9 jun. 2020.

SEU CÉREBRO E O DINHEIRO

■ SEU CÉREBRO NÃO FOI PROJETADO PARA LIDAR COM DINHEIRO

Vamos falar um pouco sobre o seu cérebro. Porque, se você compreender como ele funciona, vai entender também por que gerenciar dinheiro é tão difícil.

Quando pensamos sobre o cérebro, o imaginamos como um computador que reflete cuidadosamente e escolhe a melhor opção para nós. Gostamos de pensar que somos geralmente bastante racionais e inteligentes.

É, mas nem tanto. Lembre-se de que seu cérebro evoluiu principalmente para ajudar algo que era muito parecido com um macaco movido a fome e tesão. O cérebro não é, naturalmente, muito bom em fazer coisas de maneira racional, como avaliar riscos ou pesar diferentes opções de investimento.

■ O VIÉS ESTÚPIDO DE TODOS NÓS

Uma das melhores coisas que podemos fazer para vencer o nosso cérebro idiota é entender as suas fraquezas. Aqui estão algumas que você deve conhecer e seus nomes sofisticados da psicologia comportamental.

Mas eu quero agora (desconto temporal)

Este é o clássico: coloque um marshmallow na frente de uma criança ou de uma mulher de 35 anos chamada Sam e diga que, se resistirem por dez minutos, elas poderão comer dois marshmallows. Muitas dessas crianças ou Sams comeriam o marshmallow agora, porque um marshmallow agora vale o dobro de um hipotético marshmallow futuro.

Nós valorizamos as coisas mais no presente do que no futuro. Isso nos custa muito, o tempo todo. Sempre que gastamos dez reais agora, são dez reais que poderíamos ter investido. Esses dez reais poderiam valer muito mais no futuro se os tivéssemos deixado em paz.

Sim, parece estar certo *(ancoragem e objetivação)*

Você não tem uma ideia interna predefinida do quanto a maioria das coisas deve custar; portanto, o primeiro número que você ouve é normalmente aquele que definirá a sua ideia de normal. Às vezes, os restaurantes até colocam um item particularmente caro no cardápio que não esperam que alguém compre — está ali apenas para fazer todo o resto parecer razoável em comparação.

A ancoragem também nos faz esquecer de avaliar uma compra em termos de *custo de oportunidade*. Digamos que você esteja procurando um novo plano de academia e comparando duas assinaturas mensais diferentes — por oitenta e noventa reais por mês. Você fica tão envolvido ao tentar decidir se a sauna da Academia 2 vale dez reais a mais por mês que perde o controle do fato de que você não deve apenas comparar essas opções entre si, *mas também com tudo mais que você poderia fazer com esse dinheiro todo mês.*

Medos irracionais *(estimativa de risco)*

O que acha que é mais comum: ser morto por um tubarão ou ser atingido por um raio? Todos os anos, cerca de **seis** pessoas morrem em ataques de tubarões no mundo, enquanto cerca de **24 mil** pessoas são mortas por relâmpagos. Então, você deve ficar mais nervoso se eu sugerir que você saia durante uma tempestade do que se eu sugerir que você nade entre tubarões, certo? Mas, novamente, essas duas formas de morte empalidecem em comparação com as **17 milhões** de pessoas que morrem todos os anos por causa de doenças cardíacas; portanto, a sua verdadeira preocupação deve ser não entrar em um restaurante de fast-food.

Em geral, o cérebro humano não entende naturalmente as probabilidades e estatísticas. Somos especialmente ruins em entender se certas coisas são perigosas ou não. Ficamos muito mais preocupados em entrar em um avião do que em um carro, apesar de termos muito mais chances de morrer em um acidente de carro do que em um avião. Superestimamos de modo sistemático as chances de coisas grandes e sensacionais nos acontecerem, como ataques terroristas ou assaltos em casa, e subestimamos as chances de coisas chatas, mas muito comuns, acontecerem, como doenças cardíacas e diabetes. Isso é particularmente importante quando se trata de decidir de qual tipo de seguro você precisa.

Golpes de sorte (falácia do jogador)

É uma tendência humana natural acreditar na sorte: essa força mágica que equilibra as coisas boas e ruins que acontecem conosco. Quando vivemos uma onda de vitórias, dizemos a nós mesmos que estamos com tudo. Quando estamos perdendo, dizemos a nós mesmos que merecemos uma vitória. Esse tipo de pensamento leva a decisões de investimento muitíssimo ruins. Desculpe, pessoal, o universo não é justo.

Deixe como está (padrões e racionalização post hoc)

Alemanha e Áustria são países bastante semelhantes. Ambos exigem que as pessoas deem consentimento para a doação dos seus órgãos após a morte. O índice de consentimento de doadores de órgãos na Alemanha é de 12%. Na Áustria, de 99%. Por que uma diferença tão grande? Na Alemanha e no Reino Unido você deve optar explicitamente por ser um doador de órgãos e, se não fizer nada, presume-se que não deu o consentimento. Na Áustria, você deve optar por não ser um doador explicitamente, e, se a pessoa não fizer nada, presume-se que ela consente.

Você se considera uma pessoa que toma decisões racionais sobre as coisas — especialmente decisões importantes, como uma doação de órgãos que pode salvar a vida de outras pessoas. Mas acontece que, surpreendentemente, muitas vezes, estamos apenas seguindo padrões.[17]

O engraçado é que somos espantosamente bons em inventar histórias para nós mesmos sobre por que tomamos decisões, quando, na verdade, ainda não tomamos uma decisão. Se você perguntar a uma pessoa por que ela fez alguma coisa (quando na verdade estava apenas seguindo o padrão), ela poderá dar uma explicação completa de um processo de pensamento que nunca aconteceu. Humanos raramente são racionais, mas somos excelentes racionalizadores.

---

[17] Informe-se sobre a doação de órgãos no Brasil em <http://www.saude.gov.br/saude-de-a-z/doacao-de-orgaos>. Acesso em: 9 jun. 2020.

Tipos diferentes de dinheiro (fungibilidade versus contabilidade mental)

O dinheiro, por definição, é fungível — o que significa que um centavo é um centavo, não importa de onde você o obteve ou o que esteja planejando fazer com ele. Mas tratamos o dinheiro como se não fosse fungível: pensamos em parte do dinheiro como *especial* ou destinada a um propósito específico. Isso pode levar a um comportamento ilógico. Por exemplo, tratamos o dinheiro extraordinário (ganhos de loteria, dinheiro ganho no aniversário, bônus anuais, dinheiro que encontramos na rua) como um dinheiro mágico, e é mais provável que o gastemos em porcarias divertidas, como roupas e festas, do que em compras de supermercado.

Em situações mais extremas, essa contabilidade mental é o motivo pelo qual tantas pessoas têm dívidas realmente caras, mas também têm uma pilha de economias escondidas em outro lugar. Logicamente, devemos usar as economias para quitar dívidas, mas isso parece violar um dinheiro especial muito legalzinho de que gostamos (nossas economias) por algo não muito emocionante (livrar-se das dívidas).

■ O QUE FAZER, ENTÃO?

Pode ser útil imaginar que você realmente tem dois cérebros diferentes. Um deles é racional, sensato e pensa bem. Podemos chamá-lo de Cérebro de Investidor, com o qual você pode tomar decisões difíceis (conhecidas pelos cientistas como pensamento do sistema 2). O outro faz julgamentos rápidos e é puro instinto e desejos. Esse é o seu cérebro primitivo (sistema 1). Todos nós temos um pequeno Cérebro Primitivo em nós e, na verdade, esse é o cérebro que toma a maioria das nossas decisões. É um cerebrozinho importante, tenha certeza, porque toma decisões muito rapidamente, o que é de grande ajuda quando você está em uma floresta tentando não ser comido por tigres. Não é, no entanto, o cérebro com o qual queremos tomar as nossas decisões acerca do dinheiro.

Como convencemos nosso Cérebro de Investidor a tomar a maior parte de nossas decisões financeiras? *Automatizando-o.* Removendo as tentações dos nossos cérebros burrinhos em primeiro lugar. Como você faz uma criança comer menos bobagem? Garantindo que nunca tenha bobagem no armário. É isso que você precisa fazer com o seu cérebro. Você precisa usar aqueles raros momentos em que o Cérebro de Investidor está no comando para jogar toda a bobagem fora. Porque o Cérebro de Investidor, meus amigos, nunca fica no comando por muito tempo.

Cérebros humanos são preguiçosos. Vamos tirar proveito disso. Temos que definir padrões melhores para nós mesmos, **para que seja mais fácil economizar do que gastar**.

Você sabe o que mais vamos fazer para tornar tudo isso ainda mais fácil para nós? Vamos nos concentrar em mudar algumas coisas fáceis que têm um grande impacto, em vez de nos estressarmos com centenas de pequenas coisas. Como sua força de vontade é um recurso limitado, nós a usaremos onde for importante.

Para que funcione, preciso que você veja isso **como um programa de condicionamento físico, não como um curso de economia**. De nada vale ler este livro pensando *Hmm, essa Sam é tão inteligente!* e depois fechá-lo e fazer o que você sempre fez. É tão eficaz quanto ler um livro sobre corrida e pensar que isso fará você terminar a São Silvestre. Você pode conhecer toda a teoria de que gosta, mas, a menos que realmente calce o tênis metafórico, não ajudará em nada.

Você, agora, lendo este livro, está tendo revelações alucinantes? Este é o seu **Cérebro de Investidor** em ação! Essa é uma das suas raras oportunidades de mudar as coisas em sua vida. É por isso que, conforme você for passando pelos exercícios, preciso que os faça imediatamente. Não mais tarde. Não na próxima semana. Porque, na próxima semana, o seu **Cérebro Primitivo** estará de volta ao volante dizendo para você passar quatro dias de pijama assistindo à Netflix e comendo pipoca doce.

Então, vamos manter tudo o mais simples possível. Os psicólogos comportamentais chamam isso de importância de estabelecer *linhas brilhantes*: é mais fácil seguir uma regra muito clara, na qual seja óbvio o que se deve fazer ou não, do que tentar operar vagas mudanças de comportamento. Assim, é mais fácil dizer *eu nunca vou beber álcool nas noites da semana* do que dizer *vou reduzir meu consumo de álcool em 20%*. Então, o que isso significa? Vamos nos concentrar nas mudanças, que são:

1. De alto impacto.
2. Claras e óbvias.
3. Coisas que podemos automatizar.

Este livro ajudará você a ser o mais preguiçoso possível e ainda tornar-se mais rico. Que tal esse plano?

UM OBJETIVO AUDACIOSO

Ao ler este livro, quero que você tenha um objetivo em mente. Provavelmente, há muitas coisas que você gostaria de fazer com o seu dinheiro, mas essa deve causar aquela sensação audaciosa. Um pouco louca. Algo que você não tem certeza de que realmente poderia pagar.

Para mim, é o sonho de tirar um ano de folga para escrever livros ruins de terror. Eu tenho um amigo que quer viajar para todos os países do leste asiático. Outro que quer construir a própria casa, do zero, no meio do deserto, e um terceiro que quer abrir a própria universidade. Seja o que for, deve ser algo que realmente te empolgue.

Então, tire uns minutos e pense no seu sonho. Vá em frente, vou esperar.

Agora, você deve quantificá-lo. Não precisa ser um número exato, apenas um número para ter em mente. Saber quanto custa o seu objetivo audacioso significa que ele pode agir como uma moeda pessoal quando você pensa no dinheiro que ganha. Descobri que o meu ano de escrita me custaria cerca de 20 mil libras (ou 110 mil reais). Assim, quando penso em trocar o meu carro e economizar 2 mil libras, penso: *Nossa, isso é 10% do meu ano de escrita.*

Avalie o seu grande sonho audacioso. Se for uma viagem, veja quanto custariam as passagens de avião. Se for a casa dos seus sonhos, veja o preço de uma casa similar. Não importa o quão louco seja o seu valor final. Anote tudo.

Quando você começa a ver tempo e dinheiro como recursos limitados, fica mais consciente. Você é a única pessoa que pode projetar a sua vida. E é realmente livre para projetá-la como quiser.

CAPÍTULO 2

INTENSIVÃO SOBRE DINHEIRO

QUANTO VOCÊ SABE SOBRE DINHEIRO?

Em um estudo recente, menos da metade dos entrevistados do Reino Unido conseguiu responder corretamente pelo menos cinco de sete perguntas simples sobre como o dinheiro funciona (compare isso com Hong Kong, onde quatro em cada cinco adultos conseguiram alcançar a mesma pontuação).

A alfabetização financeira básica é um problema nacional em muitos países. Vamos fazer um teste rápido para ver o quanto você manja de dinheiro. É como fazer prova na escola, só que aqui a nota não importa. Pensando bem, então é exatamente como na escola.

Seção teórica — 5 pontos cada

QUESTÃO 1

Você investe R$ 100,00 em uma poupança que promete pagar 5% de juros por ano. Você não mexe no dinheiro. Quanto está valendo depois de cinco anos (aproximadamente)?

- **a.** R$ 125,00
- **b.** R$ 100,00
- **c.** R$ 128,00

QUESTÃO 2
O que é mais seguro?

a. Investir comprando uma empresa por R$ 1.000,00.
b. Investir comprando partes de dez empresas diferentes, a R$ 100,00 cada.

QUESTÃO 3
Devido à inflação, ao longo de dez anos, o preço de ¼ de frango do KFC dobrou de preço. Se o seu salário também tiver dobrado, o que isso significa para você?

a. Que você está mais pobre. Haha.
b. Você está na mesma situação de dez anos atrás.
c. Você está mais rico! Vai chover frango! Vamos correr para o KFC, uhuuu!

QUESTÃO 4
Dada uma duração de Macaulay de 15,24 e uma convexidade de 242,47, como você calcularia o rendimento efetivo anual para uma carteira de investimentos composta de títulos de cupom zero de quinze anos, se a posição for imunizada por Redington contra pequenas mudanças na taxa de rendimento?

a. Hã?!
b. Haha, estou só brincando. Você não precisa saber tudo isso.

QUESTÃO 5
Você está investindo em algo que deseja fazer daqui a dez anos. O lugar mais inteligente para investir seu dinheiro é:

a. Um investimento de alto risco.
b. Um investimento de baixo risco.
c. Uma coleção de tênis arrasadora.

Seção prática

Adicione cinco pontos se:

1. Você está contribuindo para algum tipo de investimento ou previdência privada.
2. Você tem um orçamento planejado/ um rastreador real de ganhos e gastos (planilha, aplicativo ou papel) do que gastou no mês passado.
3. Você tem investido o equivalente a mais de um mês de despesas.
4. Você pode me informar quanto tem em sua conta bancária no momento, sem verificar.

Subtraia dez pontos se, a qualquer momento no ano passado:

1. Você tiver feito um empréstimo pessoal.
2. Você tiver financiado um carro novo ou parcelado a festa de casamento ou uma viagem de férias.
3. Você tiver feito apenas o pagamento mínimo do cartão de crédito.

Respostas de múltipla escolha

1. C.
2. B.
3. B.
4. Haha, te peguei.
5. A.

Resultados

Se você obteve nota máxima (45 pontos)

Você não precisa ler a seção teórica. Siga para o capítulo 3.

Se você tiver 25-44 pontos

Basta passar os olhos na próxima seção e ler só as partes que lhe pareçam interessantes, está bem?

Inferior a 25?

Oiê! Bem-vindo ao curso intensivo sobre como funciona o dinheiro que você sempre desejou.

O DINHEIRO É SIMPLES; OS CARAS DAS FINANÇAS É QUE QUEREM QUE VOCÊ ACHE COMPLICADO

Quando você está tentando aprender a correr uma maratona, não precisa passar cinco anos se formando em anatomia humana ou ciência do esporte primeiro. Você só precisa aprender algumas regras básicas sobre como aumentar lentamente a distância percorrida a cada semana e sobre a importância de comer corretamente. E, o mais importante, você precisa calçar o tênis e realmente ir correr.

O mesmo vale para o gerenciamento do seu dinheiro.

O lado emocional de gerenciar o dinheiro é difícil. Você precisa ser forte. Você tem que ser forte e enfrentar as consequências das suas escolhas. É difícil pra caramba. Você sabe o que não é tão difícil assim? Entender como o dinheiro funciona.

O setor de serviços financeiros quer que você pense que é difícil. Eles querem que você pense que é muito, muito complicado, e que você precisa conversar com especialistas que lhe dirão o que fazer para que possam ler os segredos do mercado do petróleo, otimizar leis tributárias complicadas e executar modelos estatísticos inventados em porões escuros.

Mas o que eles estão fazendo, na verdade, é deliberadamente manter você no escuro, mantendo todo mundo confuso, para que todos façam o que mandarem. Eles estão escondendo taxas de você para que não tenha ideia do que são. Eles confundem a sua cabeça com besteiras para manter você longe do seu próprio dinheiro, para que possam cortar o máximo de fatias possível do seu bolo.

Existe um nome para esse comportamento desagradável: *rent-seeking*, ou busca de renda. É um termo usado pelos economistas para descrever quando as pessoas usam táticas duvidosas para ganhar dinheiro sem criar nenhum novo valor, apenas retirando uma fatia do valor que outra pessoa criou.

Como resultado, a maioria das pessoas fica com pavor da ideia de investir. Acham que é algo que apenas pessoas ricas fazem. Mas, adivinhem!

Quem poupa para a aposentadoria já é um investidor. Economizar dinheiro em uma conta poupança normal também é um tipo de investimento (do tipo de risco muito baixo). A diferença é que algumas pessoas têm mais controle sobre como estão investindo seu dinheiro do que outras.

Incline-se, porque vou lhe contar um segredo. Shhh... 90% do que *você ouve em programas de finanças ou na imprensa especializada* não importa nem um pouquinho *para ninguém, exceto para as pessoas que trabalham com finanças.*

Verdade verdadeira. Você pode ser um excelente investidor, adotando uma abordagem melhor do que 99% das outras pessoas e nunca ouvir ou ler uma linha de notícias de finanças. Você não precisa saber que o Ibovespa caiu 0,53% em relação a ontem. Você não precisa saber o que é NASDAQ. Os melhores investidores — ou os melhores entre as pessoas comuns, de qualquer maneira — encontram uma estratégia realmente simples e se apegam a ela.

Não vou ajudar você a ser um investidor bilionário. De fato, uma das coisas mais inteligentes que você pode fazer é *perceber que provavelmente não tem chance de vencer o mercado.* E tudo bem. Você ainda pode acabar muito melhor do que a maioria das pessoas, que nunca supera os próprios gastos, muito menos inflação, muito menos o mercado!

Portanto, esta seção é um resumo das únicas coisas que você de fato precisa entender para ser excelente com o seu dinheiro. E, assim que dominarmos essa teoria, entraremos no plano de ação, o.k.? Mas fique comigo, porque essas coisas são importantes. Há exatamente três coisas que você precisa entender sobre dinheiro:

- O que é um bem ativo (como você poupa dinheiro).
- Juros compostos (como você faz o seu dinheiro crescer).
- Diversificação (como você mantém seu dinheiro seguro).

Esses são os segredos que os ricos aprenderam com os seus pais. Agora é a hora de nos atualizarmos.

POUPE SEU DINHEIRO

Não importa o quanto você ganha,
importa o quanto você poupa.
The Bogleheads' Guide to Investing

Quem quer ser um milionário?

Talvez uma pergunta melhor seja: quanto você precisa ganhar para se tornar um milionário? Oito mil reais por mês? Dez mil reais por mês? A sociedade nos ensina a confundir renda com riqueza. Mas não é a mesma coisa. Conheço pessoas, muitas pessoas, que ganham quantias ridiculamente grandes de dinheiro, mas ainda estão endividadas, ansiosas e presas na situação.

Digamos, hipoteticamente, que você comece a ganhar mil reais por mês aos 25 anos. E que, todo ano, você receba um aumento de 3% até parar de trabalhar aos 65 anos. Imaginemos que nada dê errado e você nunca perca um salário durante todo esse tempo. Isso significaria que você, com um salário muito comum, ganharia mais de 1 milhão de reais em sua vida.[18] Novecentos mil lhe comprariam algo como 53 mil Big Macs e muita azia.

Você teria ganhado 100 mil aos 32 anos.

Anos necessários para ganhar R$ 100.000,00

(presumindo que o seu salário se mantenha)

Salário mensal	Anos para ganhar R$ 100.000,00
R$ 500,00	11
R$ 1.000,00	7
R$ 1.500,00	5
R$ 2.000,00	4
R$ 2.500,00	3

---

18 Sim, a inflação precisa ser levada em conta, de modo que os 900 mil reais podem ser o equivalente a 500 mil reais ou algo assim. Mas isso também pressupõe que uma pessoa de 25 anos nunca receba um aumento (uma promoção) durante a vida. De qualquer forma, eu sei que sou simplista demais, mas o argumento ainda é válido.

Mas muitas pessoas ganham mil reais por mês e a maioria delas não acaba rica. Obviamente. Porque gastam quase todo o dinheiro.

Se você ganhasse mil reais por mês a partir de 25 anos e economizasse $1/3$ *por mês* em uma caixa de sapatos, teria economizado 72 mil reais aos 43 anos. E isso é antes de começar a investir esse dinheiro.

Agora finja que você tem um primo, Bonzão. Ele começa a trabalhar aos 25 anos, ganhando 3 mil reais, três vezes mais do que você e seus insignificantes mil reais, mas ele economiza apenas 5%. Bonzão levaria até os 65 anos para economizar seus primeiros 72 mil reais, embora ganhe quase 1,5 milhão de reais ao longo da vida. Bonzão pode ter se divertido bastante gastando todo esse dinheiro extra. Ele pode até parecer uma pessoa rica. Mas você, com suas economias, ficará rico muito mais rapidamente do que ele.

Muitos caras ricos estão secretamente sem dinheiro, financiando seu estilo de vida com dívidas e um salário mensal. Até mesmo aqueles idiotas chiques que bebem drinques nos bares de hotéis.

Então, essa é a primeira coisa que você precisa internalizar de verdade. **Ganhar todo o dinheiro do mundo não tornará você rico, a menos que você economize parte desse dinheiro.** E o oposto é verdadeiro: você pode ganhar a sua liberdade tendo a disciplina de economizar mais do seu salário, mesmo que seja bem baixo.

O que você poderia poupar ao longo da vida

Salário mensal	Renda total	5% poupados	10% poupados	20% poupados	30% poupados
R$ 1.000,00	R$ 904.815,12	R$ 45.240,76	R$ 90.481,51	R$ 180.963,02	R$ 271.444,54
R$ 1.500,00	R$ 1.357.222,68	R$ 67.861,13	R$ 135.722,27	R$ 271.444,54	R$ 407.166,80
R$ 2.000,00	R$ 1.809.630,23	R$ 90.481,51	R$ 180.963,02	R$ 361.926,05	R$ 542.889,07
R$ 2.500,00	R$ 2.262.037,79	R$ 113.101,89	R$ 226.203,78	R$ 452.407,56	R$ 678.611,34
R$ 3.000,00	R$ 2.714.445,35	R$ 135.722,27	R$ 271.444,54	R$ 542.889,07	R$ 814.333,61
R$ 3.500,00	R$ 3.166.852,91	R$ 158.342,65	R$ 316.685,29	R$ 633.370,58	R$ 950.055,87

Pressupostos
- Seu salário aumenta 3% a cada ano.
- Você começa a ganhar aos 25 e para aos 65 anos.
- Suas economias não estão investidas.

Você não ganha o seu caminho para a riqueza. Você economiza o seu caminho para a riqueza.

Algumas pessoas que ganharam muito dinheiro e faliram
- MC Hammer
- Cyndi Lauper
- Willie Nelson
- Marvin Gaye
- Mike Tyson
- 50 Cent
- Kim Basinger
- Meat Loaf
- Jordan Belfort (de O Lobo de Wall Street)

SEU FLUXO DE CAIXA E SEU BALANÇO

Vou usar um vocabulário financeiro com você por um minuto.

Existem duas maneiras diferentes de ver seu dinheiro: seu balanço e seu fluxo de caixa. Seu fluxo de caixa é composto de duas coisas:

1. Dinheiro que entra (renda).
2. Dinheiro que sai (despesas).

Em geral, quando você olha para um orçamento, pensa no fluxo de caixa: a quantidade de dinheiro recebida neste mês será suficiente para cobrir as despesas antes de você ser pago novamente? E, às vezes, não ficar falido lá pelo dia 20 parece um milagre impossível. Não é mole, não.

Imagine que você tenha uns bichinhos esquisitinhos de estimação. As pestinhas são adoráveis e fazem você feliz, mas precisam comer uma maçã todos os dias para sobreviverem. Você tem que sair e colher um monte de maçãs todos os dias para alimentá-los. Nessa analogia, maçãs são a sua **renda** e os bichinhos são as suas **despesas**. No final do mês, você não tem mais maçãs, porque os alimentou com todas.

Quando você gasta tudo o que ganha, seu dinheiro está fluindo assim:

Alguém assim é **escravo do salário**. Mesmo que a quantidade de dinheiro que a pessoa esteja ganhando todos os meses seja enorme, ela estará sempre a um salário ou a um desastre de distância de ficar sem dinheiro. Toda decisão que toma é ditada por dinheiro. Um escravo não pode decidir deixar o emprego de repente se for maltratado. Um escravo não pode se ausentar uns meses para ajudar a sua família em caso de emergência ou aceitar uma viagem gratuita para o Caribe. Vive de salário em salário.

E salários são frágeis. Não estão completamente sob seu controle.

No fim, qualquer escravo do salário enfrentará problemas uma hora ou outra. Então, imagine que você teve uma grande despesa que não esperava (um dos seus bichinhos comeu uma abelha, e agora tem de pagar o veterinário), ou você fica doente e não pode mais colher maçãs. Você não tem economias, então precisa pedir dinheiro emprestado ao seu vizinho assustador, o Murta. **Isso é dívida.** Em troca, Murta diz que você deve adotar o seu animal de estimação nojento, o Monstro dos Juros, e alimentá-lo também.

O problema é que os Monstros dos Juros crescem muito mais rapidamente do que os seus bichinhos. Quanto mais tempo você leva para pagar Murta, maior ele fica e mais maçãs ele come todos os dias. Se demorar muito para pagar Murta, você estará gastando todo o seu dinheiro tentando manter o Monstro dos Juros à base de maçãs, até que você não tenha o suficiente para alimentar os seus próprios bichinhos. Esta é a **espiral de dívida**.

Se você quer começar a pensar em riqueza, precisa sair do fluxo de caixa e começar a pensar no balanço patrimonial. Seu balanço também é composto de duas coisas:

1. **Ativos** (coisas que você tem).
2. **Passivos** (coisas que você deve).

A diferença entre o que você tem e o que você deve é chamada de **patrimônio líquido**.

Para começar a ficar rico e a construir sua liberdade, é preciso gastar menos do que ganha (mais fácil dizer do que fazer, eu sei) e *poupar* a diferença — ou seja, investindo-a ou usando-a para pagar dívidas.

Uma maneira simples de entender se algo é um ativo ou não é perguntando: isso colocará dinheiro no meu bolso (é um ativo) ou tirará dinheiro do meu bolso (é um passivo)? É por isso que um carro não é um ativo de maneira significativa — um carro custa dinheiro, não ganha dinheiro (a menos que seja um carro usado para trabalhar). Imóveis? Imóveis são complicados. Falaremos sobre eles mais tarde.[19]

---

[19] O.k., pessoal da contabilidade, sei que vocês estão arrancando os cabelos agora e gritando com o livro sobre as definições técnicas de ativos e passivos. Sim, eu sei que um carro é tecnicamente um ativo que passa por depreciação. Só não acredito que, para as pessoas comuns, seja útil ver um carro dessa maneira. Beijomeliga.

Agora, digamos que você se empolgue e colha duas maçãs extras por dia. Então você tem mais maçãs do que os seus bichinhos podem comer, logo você poupa algumas delas e planta as sementes para que elas se transformem em novas macieiras **(investimento)**.

Logo a sua macieira começa a produzir maçãs. Sim, maçãs todo dia! Você pode usar essas maçãs para plantar ainda mais macieiras. No fim das contas, você pode adotar ainda mais bichinhos e ainda ter o suficiente para economizar.

Em algum momento, suas macieiras estão dando todas as maçãs de que você precisa para que possa sair do seu trabalho de colher maçãs e passar todo o tempo ensinando bambolê para os seus bichinhos.

Na verdade, acontece que a quantia que você economiza é a parte mais importante de ter dinheiro. Uma vez que dinheiro poupado entra no cálculo, descobrir como fazê-lo crescer não é tão difícil. Eu tenho alguns fluxogramas bem chatinhos de como fazer seu dinheiro crescer. Mas esses fluxogramas não ajudarão você, a menos que tenha economizado algum dinheiro, *capisci*?

Compare isso com a **Armadilha da Classe Média**, que parece construir riqueza, mas na verdade está gerando dívidas cada vez maiores com carros, casas e tralhas para guardar nelas.

É como se você amasse uns bichinhos bonitinhos e famintos, então você compra um monte deles e toma emprestado uma tonelada de maçãs para alimentá-los. Você usa algumas dessas maçãs para trocar por uma laranjeira (uma casa). Os bichinhos não comem laranjas, mas as laranjeiras às vezes ficam grandes e ganham muito dinheiro. Às vezes elas não crescem nadinha.

Está tudo bem, a não ser que a laranjeira vire um fracasso. Além disso, você nunca pode parar de trabalhar. E a sua vida parece profundamente estressante, para falar a verdade.

Existem duas maneiras de você guardar mais dinheiro. Você pode ganhar mais ou *gastar seu dinheiro com mais inteligência do que qualquer outra pessoa*. Mas não importa o quanto você ganhe, a menos que você esteja poupando boa parte e construindo uma base de ativos saudável. É assim que chegamos à frente.

ESTIMAR OS SEUS RESULTADOS AO LONGO DA VIDA

Quanto dinheiro você acha que passará por suas mãos durante toda a vida? Pense em todo o dinheiro que tocará a sua conta bancária. Tente se imaginar empilhando-o e rolando sobre ele como o Tio Patinhas.[20]

Quanto você ganhou até hoje?

Gaste alguns minutos calculando quanto dinheiro você ganhou em sua vida até agora.

- Estime todo o dinheiro que ganhou até hoje.
- Encontre seus primeiros holerites e lembre-se de quanto ganhava; multiplique por 12 para cada ano em que você trabalhou lá.
- E os trabalhos de meio período? Aulas particulares? Bicos como garçom?
- Se você sempre teve a mesma conta bancária, basta pedir ao banco para fornecer todos os seus extratos bancários e históricos.

Agora, compare com o quanto você tem hoje. (Vamos calcular esse número corretamente no capítulo 3). Esse é o índice de gastos da sua vida, até agora.

> **Calcule o seu índice de gastos da vida**
> Dados:
> - Quantia investida hoje.
> - Quanto você já ganhou de dinheiro até hoje.
>
> $$\text{índice de gastos da vida} = \frac{\text{total de economias}}{\text{ganhos}} \times 100$$

---

[20] Este é um exercício que foi popularizado por Vicki Robin, uma das poucas, entre tantos gurus norte-americanos de finanças pessoais dos anos 1990, que prestaram. Ela escreveu um livro chamado *Your Money Or Your Life*, cuja leitura vale muito a pena (embora seja muito voltado ao público dos Estados Unidos).

Quanto você pode ganhar ao longo da vida?[21]

Calcule o índice de gastos da sua vida
Dados:
- Idade atual
- Salário atual

$$\text{ganhos ao longo da vida} = (\text{salário atual} \times 12) \left[\frac{(1{,}03)^{(65 - \text{idade atual})} - 1}{0{,}03} \right]$$

Ou, se você tiver acesso a uma calculadora financeira do tipo HP12C:

ganhos ao longo da vida = (salário atual ×12) (((((1,03) ^ (65 - idade atual)) - 1) / 0.03)

Parâmetros
Partimos do princípio de que o seu salário aumentará 3% ao ano. Isso é em torno da inflação + 0,5%. Você pode editar esse número para cima ou para baixo para refletir melhor o que acontece no seu setor.

Caceta, esse número é grande, não? É isso que você pode ganhar ao longo da sua vida profissional.

FAÇA SEU DINHEIRO CRESCER

A maioria de nós aprendeu como ganhar dinheiro enquanto estamos acordados e trabalhando. Você quer chegar ao ponto em que estará ganhando dinheiro enquanto dorme/ fica na praia/ joga Xbox/ toma chá com a sua mãe. Como fazer isso? Você faz o seu dinheiro ganhar mais dinheiro para você. Bem-vindo ao mundo dos investimentos.

■ JUROS COMPOSTOS SÃO MÁGICOS E ATERRORIZANTES

Há uma força monetária que é mais poderosa do que qualquer outra. Você já deve ter ouvido falar dessa coisa de *juros compostos*. Mas parece que isso envolve muita Matemática, então a maior parte das pessoas nem tchum.

---

21 Se não se familiarizar com nenhuma das matemáticas deste livro, há um painel financeiro (em português) para você completar em <https://www.tinyurl.com/gerencieoseudinheiro>. Acesso em: 24 mar. 2021.

Mas você não precisa entender de Matemática. Só precisa saber o que a Matemática faz. Assim como você não precisa entender de fissão nuclear para saber que as bombas atômicas podem causar alguns probleminhas.

Aqui está o que você precisa saber.

Sempre que uma pilha de dinheiro, ou uma dívida, está acumulando juros *compostos* (que é como a maioria dos juros funciona: todos, desde o seu cartão de crédito até os investimentos, passando pelos financiamentos), ela cresce loucamente.

Aqui está uma pergunta. Você preferiria que eu lhe desse 1 milhão em dinheiro hoje ou um centavo que dobre todos os dias por 30 dias?

Parece que 1 milhão seria melhor, certo? Mas, não. Se você pegar 1 centavo e dobrá-lo todos os dias durante um mês, até o dia 30, você terá 5,3 milhões.

▌ RATOS EM UM NAVIO

Aqui está uma história para ajudar você a entender os juros compostos, que estou pegando emprestado diretamente da minha amiga Georgina Armstrong, porque ela a explica muito melhor do que eu.

Imagine que há um navio no porto, preparando-se para uma longa viagem. Há dois ratos a bordo.

A título de exemplo, imaginemos uma ratinha e um ratinho. E não há gatos no navio.

O navio zarpa e os ratos fazem aquilo que mais fazem — reproduzem-se. Logo, há mais de dois ratos a bordo. Em seguida, nossos dois ratos originais continuam a produzir mais bebês ratos, e a população de ratos no navio cresce constantemente. Com um par de ratos tendo bebês regularmente (para simplificar, nosso casal de ratos pode ter dois bebês por mês), você pode desenhar um gráfico de ratos ao longo do tempo, traçando uma sequência ascendente.

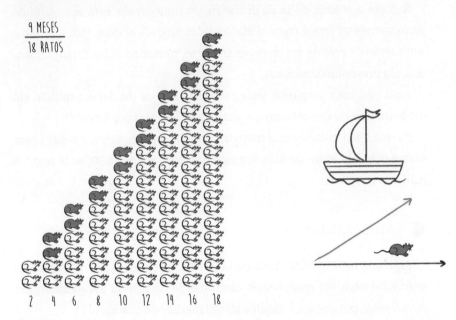

Após nove meses no mar, você tem 18 ratos a bordo, tudo bem até agora?

O problema é que você e eu sabemos que os ratos são muito nojentos e se reproduzem muito mais rapidamente do que isso. Vamos ser honestos, com o passar dos meses, não serão apenas a rata mamãe e o rato papai originais que terão bebês — os filhos vão começar a ter filhos. A cada novo mês, outro par de ratos nasce e, um mês depois, esse par produz seu próprio par de bebês. *Assim, a população de ratos cresce cada vez mais, conforme filhos produzem outros filhos, que produzem outros filhos, e ninguém para de ter filhos.*

Após nove meses no mar, você tem 512 ratos a bordo, e não há espaço suficiente nesta imagem para mostrar todos.

Até agora, você provavelmente se arrepende de não ter trazido um gato com você.

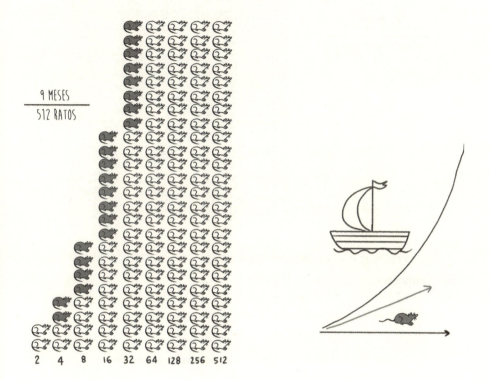

E, depois de 21 meses no mar, você definitivamente se arrepende da falta do gato, porque agora há 2.097.152 ratos a bordo, e seu navio está afundando com o peso de 734 toneladas de rato. (Além disso, se mostrássemos todos os ratos na imagem e você a imprimisse, é provável que ela seja mais alta que o Burj Khalifa.)

A absurda diferença de crescimento entre o primeiro exemplo (linha reta) e o segundo exemplo (linha curva) é absolutamente real. É a diferença entre crescimento simples e crescimento composto. É tudo crescimento, mas é o crescimento composto que tem o efeito realmente poderoso de bola de neve.

21 MESES
2.097.152 RATOS

Vamos colocar esse exemplo do rato nas palavras apropriadas para juros compostos:

Pares reprodutores no início	**Capital inicial/ principal**
Quantidade de bebês por ninhada	**Taxa de juros**
Com que frequência eles têm bebês	**Período de composição**
Quanto tempo dura a viagem	**Prazo**

Então: trata-se de quanto dinheiro você pode investir (capital), quanto tempo o dinheiro pode ficar lá (prazo), quão rápido ele cresce (taxa) e com que frequência o crescimento é prolongado para que o novo crescimento comece a ganhar ainda mais (período de composição).

■ COMO OS VAMPIROS FICARAM TÃO RICOS?

Vamos falar sobre *Crepúsculo* por um minuto (não me olhe assim, eu sei que você assistiu ao filme). Ou vampiros em geral. Você já reparou que os vampiros sempre vivem em mansões elegantes e usam coletes de veludo e capas? E aquela pele pálida e brilhante também não é barata, não. Como eles conseguem tanta extravagância?

Duzentos anos atrás, se um vampiro tivesse colocado cem reais em uma conta de investimento que cresce apenas 7% ao ano acima da inflação, ele teria 2 bilhões de reais no momento. Haja dinheiro para comprar coletes e capas. Porque essa é a outra coisa que você precisa saber sobre juros compostos: *o fator mais importante é o tempo*. Quanto mais tempo você economizar, melhor.

Você pode até não ser um demônio imortal sugador de sangue, mas isso tem um grande impacto nas suas economias para aposentadoria. Vamos imaginar que você comece a ganhar um salário quando tiver 25 anos. Observe dois cenários:

1. Você começa a economizar cem reais por mês a partir do seu primeiro pagamento, e faz isso por apenas cinco anos. Aos trinta anos, você para de economizar e deixa as suas economias fazerem a mágica por você.

2. Você começa a economizar aos trinta anos, a mesma quantia, por cinco anos.

Começar só cinco anos depois não pode fazer muita diferença, certo?

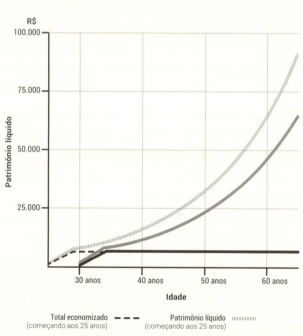

Pois acontece que faz muita diferença, na verdade. Cerca de 30 mil reais de diferença. De fato, para compensar o tempo perdido, o poupador de trinta anos precisa economizar o dobro do tempo, ou economizar mais cinquenta reais por mês, para acompanhar o poupador antecipado.

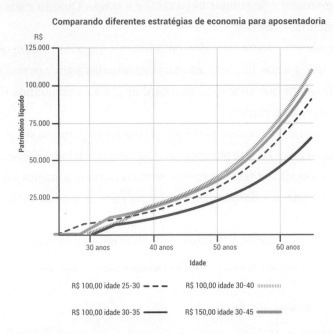

Se você precisa de um motivo para começar a gerenciar o seu dinheiro como alguém foda agora mesmo, aqui vai um: **cada ano que você espera para começar a economizar custa muito mais do que você pensa.** Não custa apenas os quinhentos ou mil reais que você pode economizar este ano — custa 7,5 mil ou 15 mil reais que esse dinheiro valerá em quarenta anos.

Como a dívida é composta

Estamos falando de juros compostos para investimentos. Mas as coisas ficam ainda mais terríveis quando analisamos como a dívida se compõe.

Dívidas no cartão de crédito e empréstimos pessoais são muito comuns na classe média. Parece um comportamento bastante normal, mas custa muito mais do que a maioria das pessoas imagina. Digamos que você tenha um saldo médio de cartão de crédito de 2 mil reais, pague uma taxa de juros anual de 300% e mantenha essa dívida ao longo de quarenta anos, entre 25 e 65 anos, pagando o valor mínimo (15%). Essa dívida com cartão de crédito *acabaria custando 52 mil reais ao longo desse tempo*. Se você investisse os cem reais que estava pagando no cartão de crédito todos os meses, teria 264 mil reais.

▌ TAXAS PODEM CUSTAR METADE DA SUA ECONOMIA

Há mais uma coisa na qual você provavelmente não pensou muito: taxas de investimento. As taxas podem não parecer muito atraentes: em geral, variam entre 1% e 4%. Mas as ações globais crescem numa média de 7% ao ano, acima da inflação. Isso significa que as **taxas podem consumir metade do crescimento do seu investimento**.

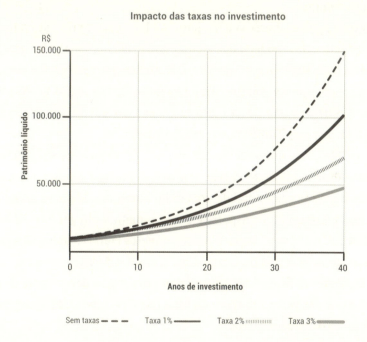

Neste livro, passaremos muito tempo conversando sobre por que as taxas são tão importantes quando você escolhe produtos financeiros.

Lembre-se de que um pequeno 1% pode se transformar em uma pilha enorme ao longo da sua vida.

■ COMPREENDENDO ATIVOS E PASSIVOS

Vamos fingir que, por capricho, você tenha comprado uma pequena caminhonete no valor de 10 mil reais. O que você poderia fazer com ela?

Bem, você pode sair dirigindo e se divertir por aí. Pode forrar a caçamba de plástico, enchê-la com água e chamá-la de Jacuzzi. Pode apostar corrida com outras caminhonetes no estacionamento do hipermercado. Chamaríamos uma caminhonete que você está usando dessa maneira de *bem de estilo de vida*, mas não é um bem ativo, porque não está gerando dinheiro — apenas está ajudando você a viver a sua vida. Depois de alguns anos, você venderá a sua caminhonete por muito menos dinheiro do que a comprou.

Ou você pode usar esse veículo para iniciar uma empresa de transporte. A mesma caminhonete, que agora é um *ativo funcional*, está gerando dinheiro para você. Que maravilha. O dinheiro que você gastou em uma caminhonete agora virou investimento. É um investimento, porque você pegou o dinheiro que tinha e o colocou em um ativo na esperança de fazer com que esse dinheiro gere mais dinheiro.

Agora, digamos que você queira que a caminhonete ganhe dinheiro, mas na verdade não quer deixar o emprego e dirigir o veículo o dia inteiro, porque só pega o sinal de uma rádio horrorosa. Mas seu vizinho já tem uma empresa de transporte e é muito melhor em ganhar dinheiro do que você. Ele já tem clientes e funcionários e conhece todos os lugares baratos para consertar os carros. Então, em vez de sair e comprar uma caminhonete, você apenas compra uma partezinha da empresa do seu vizinho por dez reais, em troca de uma parte proporcional a esse valor da empresa e dos seus lucros.

Parabéns: você acabou de inventar o mercado de ações.

Comprar ações é assim. Você compra um pedaço de uma empresa já existente. A empresa usa esse dinheiro para crescer e você obtém uma parte dos lucros (que são chamados de *dividendos*). E sua propriedade dessa parte minúscula da empresa é um ativo por si só: você pode vender para outra pessoa a sua participação no negócio.

Digamos que você não queira comprar uma parte da empresa de caminhonetes, mas ainda deseja investir seus dez reais. Você poderia fazer um acordo com o seu vizinho, emprestando-lhe o dinheiro para que ele possa comprar um novo veículo para a empresa dele, e ele promete pagar 11 mil reais daqui a um ano. Isso é chamado de *título*. Capital próprio é propriedade, títulos são empréstimos. *Boom!* Agora você já sabe um pouco do vocabulário financeiro.

Por trás de todo esse vodu financeiro que você ouve — ações, títulos, dotação — existe uma economia real. As pessoas do setor financeiro não ganham dinheiro com pozinho de pirlimpimpim (embora desejem que você pense que sim). Seu dinheiro cresce quando empresas do mundo real usam esse dinheiro para crescer. A melhor maneira de aumentar o seu dinheiro é quando você entende como ele está crescendo. Se você sentir que está tudo meio nebuloso, pode ser que esteja mesmo.

Fonte: Site da Ibovespa. Disponível em:
<http://bvmf.bmfbovespa.com.br/indices/EvolucaoMensal.aspx?Indice=IBOV&idioma=pt-br>.
Acesso em: 8 maio 2020.

■ NÃO BASTA DEIXAR O DINHEIRO NO BANCO

Já pensou em como os bancos pagam a taxa de juros das suas contas de investimento? Pense nisso. Você dá ao banco cem reais e, no final do ano, tem três ou cinco reais a mais nessa conta. De onde vêm esses três reais?

Quando imaginamos o nosso dinheiro sendo economizado no banco, imaginamos um daqueles grandes cofres que as pessoas invadem nos filmes: pilhas de dinheiro atrás de uma grande porta de aço com um sistema de segurança que pode ser enganado por uma impressão digital falsa que você tirou da taça de vinho do gerente do banco. Não é bem assim que acontece. Não há literalmente um lugarzinho com todo o dinheiro depositado em seu nome. Há apenas uma linha de informações em um banco de dados computadorizado que registra quanto dinheiro você deu ao banco, quanto retirou e qual a diferença. Um saldo positivo é, basicamente, um reconhecimento de dívida por parte do banco.

De fato, os bancos em geral têm apenas 3-4% das suas *dívidas* disponíveis em caixa em um dado momento.[22]

E o que o banco fica fazendo com o seu dinheiro nesse meio-tempo? Em geral, empresta para outras pessoas por juros mais altos. Talvez esteja emprestando seu dinheiro para outra pessoa comum na forma de cartão de crédito, ou talvez usando seu dinheiro para comprar uma casa para alguém, ou esteja financiando os negócios de outra pessoa, por meio de um empréstimo comercial, ou talvez construindo novas minas e ferrovias, porque os bancos financiam esse tipo de coisa também. Você sabe como o banco cobrará algo entre 20% e 300% por um empréstimo por ano, dependendo do tipo? Mas como raramente pagam mais de 5% por suas economias? A diferença entre 5% e 300% é por que o banco existe e por que os banqueiros dirigem carros (muito) melhores que o seu.

Quando você economiza o seu dinheiro com o banco, está sendo uma espécie de agiota muito mal pago pelo banco. Existem muitas outras empresas no mundo; você não preferiria gastar o seu dinheiro para trabalhar com algumas delas também?

---

22 Isso se chama sistema de reserva fracionária, e alguns acham que essa é a causa de muitos dos problemas econômicos e políticos globais do mundo.

A beleza do mercado de ações é que é uma maneira fácil de comprar e vender pequenas peças de empresas de que você provavelmente já ouviu falar e das quais entende bem. Você já ouviu falar dessas empresas porque são elas que impulsionam a nossa economia. As empresas que fabricam a sua cerveja e vendem sapatos ou alimentos estão no Ibovespa, e você pode comprar um pedacinho delas.

Você não precisa ser rico para começar a investir. A maioria dos investimentos (especialmente aqueles sobre os quais falaremos no capítulo 7) permitirá que você comece com apenas algumas dezenas de reais por mês. Há outras coisas em que você pode investir, além das ações. Você também pode investir em propriedades, ouro ou dólares. Mas, no longo prazo, nada superou as ações.

Retornos reais anualizados – Mundo		
2000-2017	1968-2017	1900-2017
Ações: 2,9	Ações: 5,3	Ações: 5,2
Títulos: 4,9	Títulos: 4,4	Títulos: 2

Fonte: Tabelas de Retorno de Investimento Global do Crédit Suisse.

BENS BONS E BENS MAUS

Considere estes itens como bens ativos:

- Possuir parte de uma empresa, seja por meio de propriedade direta ou por meio de um instrumento financeiro, como ações. Pode até ser o seu próprio negócio, no qual você também passa todo o seu tempo trabalhando.
- Outras pessoas lhe devendo dinheiro (com juros), como por intermédio de títulos ou se você emprestar pessoalmente a outra pessoa.
- Possuir uma propriedade, seja sua própria casa ou algo que esteja alugando, como um prédio comercial ou um apartamento. Você também pode possuir propriedades por meio de fundos imobiliários, que são investimentos que permitem possuir uma pequena parte de um monte de propriedades diferentes.
- Propriedade intelectual, como patentes de invenções ou uma música que você escreveu.[23]

---

23 Estamos falando de coisas bem-sucedidas. Aquele poema que você escreveu para o *crush* do Ensino Médio não conta.

- Possuir um equipamento que outras pessoas alugam de você, como um carro.
- Ferramentas que permitem ganhar dinheiro, como uma câmera, se você é fotógrafo profissional, ou um laptop, se você é designer.

Determinados ativos são mais líquidos que outros, o que significa que é muito mais fácil e rápido transformá-los novamente em dinheiro, e você pode obter o valor total se fizer isso. As ações são muito líquidas, porque é rápido e simples vendê-las. Uma casa não é muito líquida, porque pode levar meses ou anos para vendê-la, e, mesmo que consiga, você pode não obter o valor que deseja por ela.

■ NÃO CONSIDERE ESTES ITENS COMO ATIVOS:

- Anel da vovó.[24]
- Coisas que você ainda não possui, mas, COM CERTEZA, possuirá quando alguém morrer, porque assim diz a lei (ou o testamento). Nunca se sabe o que o inventário de uma pessoa revelará sobre a sua real situação financeira.
- O seu carro.
- Sapatos/ casaco/ sofá/ bolsa/ terno sofisticados que você comprou como um investimento.
- Selos, moedas, carros antigos, primeira edição de livros, bonecos de colecionador, obras de arte etc. Esta é a margem lunática do investimento. Afaste-se dela, a menos que você seja um especialista fanático em uma dessas áreas. Esses são hobbies de pessoas ricas.

GUARDE BEM O SEU DINHEIRO

Assim que você entra no mundo dos investimentos, ouve as pessoas gritando a palavra *risco* por todo lado. Você pensa, *Ave Maria, a última coisa que quero fazer com o meu dinheiro suado é colocá-lo em algum lugar arriscado.*

---

[24] A menos que o diamante seja impecável e do tamanho de uma ervilha, você ficará chocado com quão pouco ele vale.

Você pensa em como ficaria mais calmo se esse dinheiro fosse armazenado em um lugar seguro, como no banco ou debaixo de um colchão.

Pois colocar o seu dinheiro debaixo do colchão é provavelmente a coisa mais perigosa que você pode fazer com ele. Não porque os monstros debaixo da cama são pequenos cleptomaníacos, mas por causa de uma coisinha chamada inflação.

■ INFLAÇÃO É UMA MERDA

Uma lata de Coca-Cola custava vinte centavos de libra (cerca de R$1,20) na minha cantina da escola e agora custa setenta centavos (cerca de R$4,30). As latas de Coca-Cola não ficaram maiores nem mais refrescantes. São as mesmas de sempre. Custam mais porque o dinheiro vale menos hoje do que naquela época. Isso é inflação. A inflação acontece por algumas razões diferentes: se o custo de fabricação aumentar (por exemplo, se o preço do petróleo subir), se o número de consumidores aumentar mais rapidamente do que a eficiência com que produzimos coisas, ou se o governo colocar mais dinheiro na economia, imprimindo moeda ou assumindo dívidas internas.

O governo está sempre brincando com as diferentes alavancas da economia para tentar manter a inflação baixa enquanto ainda ajuda a economia a crescer. Às vezes, eles entendem tudo errado, e a inflação fica fora de controle. Isso se chama hiperinflação e ela destrói economias. Na Hungria, em 1946, os preços estavam dobrando a cada quinze horas. Imagine se uma bebida custasse setenta centavos hoje, noventa reais em cinco dias e R$ 98.516.241.818.730,00 no final do mês.

A inflação é inimiga das economias. Se você guardar dinheiro embaixo do colchão, seu valor diminuirá todos os dias. Se você o colocar na poupança, ou ele empatará ou ainda perderá um pouco devido à inflação. Caso o aplique em um investimento de baixo risco, ele crescerá devagar, mas possivelmente não tanto quanto você precisa. Pode ter certeza de que a inflação só aumentará ao longo da sua vida. Isso significa que uma das coisas mais arriscadas que você pode fazer com seu dinheiro é *não o investir*.

Retornos reais

Neste livro, falaremos sobre o *retorno real* de um investimento: quanto o dinheiro cresceu acima da inflação. Portanto, se um investimento crescer 6%, mas a inflação for 2%, falaremos sobre o retorno real desse investimento em 4%.

Um monte de marketing para poupança e investimentos não indica a relação com a inflação. Lembre-se sempre de levar isso em consideração ao comparar as opções.

■ MANTENDO TODOS OS OVOS EM UMA CESTA

Se você pudesse ver o futuro, poderia me dizer qual empresa específica crescerá mais que todas as outras, aí poderíamos gastar todo o nosso dinheiro comprando ações nessa empresa. Em outubro de 2001, você podia comprar um iPod por cerca de 1.350 reais. Se, em vez de comprar o iPod, você tivesse investido a mesma quantia em dinheiro em ações da Apple, agora teria cerca de 300 mil reais.

Mas o problema é que você não pode ver o futuro. Nem eu, nem aqueles carinhas das finanças. Portanto, uma das coisas mais inteligentes que podemos fazer com o nosso dinheiro é diversificar, o que significa garantir que fazemos muitas apostas pequenas em vez de apostar todo o nosso dinheiro em uma única coisa.

Em geral, quanto mais você diversificar os seus investimentos, mantendo os custos baixos, melhor. É menos arriscado possuir uma porção de cem empresas do que possuir uma empresa inteira. Não é preciso que muitas coisas deem errado para uma empresa falir; mas, para cem empresas falirem ao mesmo tempo, seria necessária uma comédia de erros tão absurda que seria trama de filme dos Irmãos Coen.

Felizmente, existem produtos de investimento pré-agrupados que permitem comprar apenas um investimento que já possui vários ativos dentro dele. Em vez de comprar uma única casa como investimento, por exemplo, você pode investir em um fundo imobiliário que possui centenas de casas. Falaremos mais sobre fundos em índice de mercado e outros investimentos simples e diversificados no capítulo 7.

▌ RISCO COMO OSCILAÇÃO

Ao analisar investimentos, você verá que eles são classificados em *alto risco* e *baixo risco*. De maneira confusa, quando os executivos de finanças usam a palavra *risco*, na verdade, não querem dizer o que pensamos que querem dizer. Risco, como termo técnico, significa algo mais *instável* ou *volátil* do que *inseguro*, propriamente dito.

No curto prazo, um investimento de alto risco oscila muito mais. O valor no curto prazo pode até cair. Isso pode ser assustador, eu sei. Mas, no longo prazo, investimentos oscilantes (de alto risco) quase sempre acabam valendo mais do que investimentos não oscilantes (de baixo risco). Se não fosse assim, ninguém jamais investiria em investimentos instáveis (isso é chamado de *prêmio de risco*).

Investimentos oscilantes não são ruins. Aliás, se você está investindo há cinco anos, pelo menos, deve procurar o investimento mais oscilante possível. **Investimentos oscilantes acabam oscilando para cima.** Um investimento oscilante e diversificado é a melhor chance que você tem de aumentar o seu dinheiro rapidamente para que o monstro da inflação não o engula.

É mais ou menos essa a aparência de um investimento de alto risco *versus* um de baixo risco.[25]

---

[25] Se você estava prestando atenção a algumas das tabelas anteriores, notou que os últimos anos foram uma exceção estranha a essa regra, com títulos com desempenho superior a ações. Economistas escreveram milhões de palavras debatendo o motivo, mas é provável que as ações superem os títulos no longo prazo.

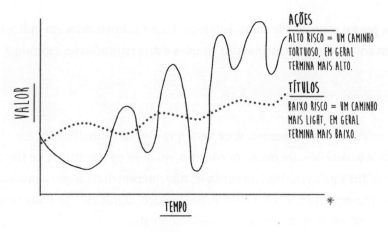

É por isso que você deve evitar ficar observando a evolução do investimento. A oscilação pode acabar assustando você.

■ ASSUMINDO RISCOS RACIONAIS

Avaliar se você deve investir em um investimento de alto risco (oscilante) ou de baixo risco (estável) não deve ter nada ver com a sua personalidade. Suas decisões de investimento nunca devem parecer baseadas em um quiz do BuzzFeed. Ser da Grifinória não classifica você para investimentos de alto risco, nem a Lufa-Lufa é a casa dos investidores de baixo risco.[26]

A única pergunta que você precisa fazer para decidir o nível certo de risco em seu investimento é por quanto tempo você está investindo. Se você precisar do dinheiro em breve, não pode contar com a chance de seu investimento estar em baixa no curto prazo, quando precisar retirá-lo. Se puder esperar, deixe o dinheiro oscilar o máximo possível.

Não é evitando oscilações que você mantém seu dinheiro seguro. Você o mantém seguro diversificando. Pode diversificar entre setores (comprando partes de empresas de varejo e fábricas), países (garantindo que seus investimentos não sejam todos eliminados se uma moeda despencar) e entre classes de ativos (títulos e ações).

---

26 Corvinal para sempre.

Você tem um longo caminho pela frente, lindo leitor. Deixe essa grana fluir. É isso aí, pessoal! Vencemos a parte teórica. Podemos começar a festa! Tá animado? Eu estou animada!

OS DEZ MANDAMENTOS DO DINHEIRO
HÁ QUEM GOSTE DE REGRAS SIMPLES! AQUI ESTÃO ALGUMAS REGRAS PARA VOCÊ.

1. Você precisa economizar uma boa parte da sua renda todos os meses, começando o mais jovem possível
Você precisa economizar mais do que pensa. 10% não é suficiente. 20% é melhor. 30% é melhor. 50% se quiser se aposentar cedo. Comece agora. Comece ontem.

2. Torne-se alérgico a dívidas
Nunca use dívidas para financiar o seu estilo de vida. Se você está endividado com roupas, férias, comida e festas, você tem uma EMERGÊNCIA. Quebre seus cartões de crédito. Evite cartões de loja e empréstimos pessoais do mesmo jeito que você evita aquele ser das trevas do seu último relacionamento.

3. Automatize as suas economias e pague a si próprio primeiro
Não se mate fazendo da economia uma escolha consciente. Não tente confiar na força de vontade e nos centavos. Basta configurar uma transferência automática para garantir que você poupe imediatamente após receber o pagamento.

4. Gaste apenas com o que te faz feliz
Não gaste o seu dinheiro com alguma bobeira que não acrescenta nada à sua vida. Gaste com atenção e evite a armadilha de comprar coisas só porque outras pessoas ao seu redor as têm.

5. Compre o carro mais barato que puder (ou, melhor, não tenha carro)
Quer saber a maneira mais fácil de ficar mais rico que a maioria das pessoas? Nunca financie um carro.
Aqui está um gráfico que mostra o impacto de cortar um café de 2,50 reais todos os dias pelo resto da vida *versus* gastar duzentos reais por mês a menos com o seu carro.

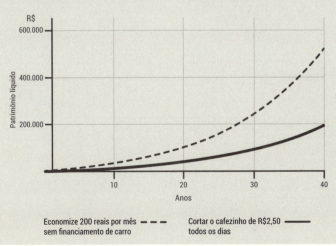

6. Não seja velho e pobre
A partir do momento em que ganha o seu primeiro salário, você precisa economizar para a aposentadoria. Priorize esse investimento. Contribua para o INSS, faça uma previdência privada e/ou invista em um fundo de longo prazo. Se for a única coisa que você fará depois de ler este livro, já ficarei feliz.

7. Siga uma estratégia de investimento simples e de baixo custo
Faça investimentos simples de baixo custo e tente investir em fundos globais (mais informações sobre isso no capítulo 7). Mantenha-se firme e siga o seu plano, não importa o que aconteça no mercado. Não tente ser espertinho: basta adicionar mais dinheiro ao seu investimento todos os meses. Concentre-se em reduzir seus custos, em vez de tentar vencer o mercado.

8. Coloque seguro no que pode te levar à falência
Você quer ter um seguro se perder um braço, não se perder um celular.

9. Preocupe-se com algo maior do que juntar coisas
Lembre-se do porquê a riqueza é importante para você. Para mim, uma vida rica significa poder passar tempo com a minha gata, embarcar em aventuras com os meus amigos, escrever livros de terror ridículos e ajudar outras pessoas. Para você, com certeza são coisas diferentes. Mas saiba por que você se importa e faça o que for necessário para se lembrar o tempo todo dos seus sonhos audaciosos.

10. Tenha atitude
A leitura deste livro não ajudará você a gerenciar o seu dinheiro. Pensar em ser rico não o tornará rico. Você tem de tirar a bunda do lugar e fazer o que sabe que precisa fazer. Paralisado, você torna as coisas muito mais complicadas para si. Mantenha tudo simples e faça o que for preciso.

CAPÍTULO 3

ORGANIZE-SE

JOGO DA ADIVINHAÇÃO DE GASTOS

Vamos jogar um jogo. Anote quanto acha que gasta por mês em cada uma dessas categorias. Sem trapacear dando uma olhadinha na conta, hein? Basta escrever quanto você acha que gasta com:

- Restaurante, delivery e fast-food.
- Festas, cerveja, ingressos, lazer.
- Supermercado.
- Internet.
- Celular.
- Impostos.
- Tarifas bancárias.

Agora vamos atrás dos dados reais para averiguar como as suas estimativas estão divertidamente erradas.

SEU PAINEL FINANCEIRO

▌ VAMOS COMEÇAR

Antes que o seu GPS possa dizer como chegar a um lugar, primeiro é necessário indicar de onde você está partindo, certo? Pois é isso que faremos nesta seção. Reuniremos todas as informações necessárias para descobrir como gastamos dinheiro hoje e ter uma noção do nosso balancete.

Se tiver contas e investimentos variados, você terá de fazer muitas pesquisas no Google e em e-mails antigos e bater a cabeça na parede ao tentar lembrar as malditas senhas. Reserve algumas horas num domingo e *vambora*. É importante.

RASTREIE SEU DINHEIRO

É imprescindível que você possa verificar a qualquer momento:

1. Os saldos atuais de qualquer uma de suas dívidas, contas ou investimentos.
2. Todas as suas transações.

Você precisa ter dados reais. Não confie na memória, muito menos em palpites, sob o risco de ter uma visão errada da sua situação.

Encontre um aplicativo que reúna todas as suas informações financeiras e mantenha tudo atualizado sem que você precise fazer nada. Existem muitos desses aplicativos por aí. Você quer encontrar um que:

1. Seja muito seguro.
2. Possa ser conectado a contas brasileiras (dãh).
3. Acompanhe mais do que as contas bancárias (você precisa manter atualizados cartões de loja, investimentos, tudo).
4. Atualize tudo automaticamente.
5. Seja fácil de usar.

Existem aplicativos que precisam que você faça isso manualmente (bom, você pode até fazer uma planilha, se quiser algo trabalhoso), mas nem perca seu tempo com eles.

A parte mais assustadora dos aplicativos automatizados é que a maioria permite que as suas informações bancárias sejam transferidas on-line. É assim que eles mantêm atualizadas as informações. Parece exatamente aquilo que o seu banco sempre avisou que você nunca deveria fazer, eu sei. Os aplicativos fazem o login na sua conta bancária em seu nome (isso é feito por um programa de computador, não por um ser humano) e mapeiam todas as informações da sua tela, coletando as transações e salvando tudo em um banco de dados central.

Novos aplicativos maravilhosos saem o tempo todo. Você pode procurar listas atualizadas de aplicativos na internet ou ver quais são os mais bem avaliados – e seguros! – na loja de aplicativos do seu celular.

Escolha um deles e cadastre-se. Siga os tutoriais e tals. Você precisará disso depois.

Como você sabe se o aplicativo é seguro

- Verifique as avaliações dos clientes do aplicativo e avalie se tudo parece legítimo.
- A maioria desses aplicativos usa o mesmo provedor de agregação: Yodlee. Essa empresa faz isso para milhões de pessoas

em todo o mundo, incluindo muitos dos bancos ao redor do globo. É um bom sinal se eles estiverem envolvidos.
- Procure um certificado SSL. Isso significa que a URL do site deve começar com "https://", e não "http://".
- Descubra se o aplicativo tem seguro, para que, se algo der errado, você possa recuperar o dinheiro.
- Leia a página de avisos de segurança. Eles usam as mesmas medidas de segurança que o seu banco usa?

■ SE VOCÊ NÃO QUER UM APLICATIVO DE JEITO NENHUM

Você é um bobo e, por sua conta e risco, vai abrir mão de um aplicativo que faz tudo automaticamente para você. Ou talvez você seja masoquista ou possua um Nokia 3310 ou algo assim.

Nesses casos, faça o seguinte. Comece uma planilha, com todas as suas transações e os saldos da sua conta. Marque uma consulta com você mesmo pelo menos uma vez por semana para ir passando um pente-fino nas suas transações bancárias on-line e atualizar a planilha. Vai levar muito tempo. Um aplicativo seria muito mais fácil.

■ CONSTRUINDO SEU PAINEL FINANCEIRO

Aplicativos de rastreamento de gastos são maravilhosos, mas não são suficientes. À medida que você se envolve mais no gerenciamento do seu dinheiro e começa a fazer cálculos mais complexos, precisará criar um painel.

Você só precisa atualizá-lo no final de cada mês, durante a sua *Grande Revisão Mensal de Dinheiro*. (Falaremos sobre isso no capítulo 8.) Sei que para muitos de vocês, tipos *artísticos*, montar um painel soa pior do que borrifar o vírus da poliomielite no seu rosto, mas o painel será muito simples de usar. Prometo. **Acesse o link disponibilizado na página 58 (na nota de rodapé), faça o download e pronto! Já dá para começar.**

CATEGORIZE SEUS GASTOS

A classificação de gastos (no painel financeiro mencionado anteriormente há alguns modelos para você) é a melhor maneira de você entender e efetivar seu planejamento financeiro. Agora, vamos começar a entender o nosso fluxo de caixa.

■ ESCOLHENDO UM SISTEMA PARA CATEGORIZAR OS SEUS GASTOS

Qualquer um dos bons aplicativos categorizará seus gastos automaticamente para você. Eles reconhecem, por exemplo, que uma transação do McDonald's pertence a *Restaurante e delivery* e que uma transação de compra de vodca e Red Bull no supermercado pertence à categoria *Péssimas decisões*. Mas, não importa quão boa seja a plataforma, ela não será capaz de reconhecer tudo imediatamente. Você precisa passar um bom tempo analisando as suas transações e certificando-se de que tudo foi colocado na caixinha certa.

Talvez você queira trabalhar com as categorias que o aplicativo já fornece ou criar as suas. Eu mantenho uma estrutura de categorização bastante simples que se parece com a tabela a seguir.

Grupo de gastos	Categoria
Gastos cotidianos	Restaurante e delivery
	Cerveja
	Lazer e hobbies
	Presentes
	Supermercado
	Cuidados pessoais
	Gatos
	Transporte
	Aluguel
	Luz e água
	Assinaturas
	Tarifas bancárias
	Celular
	Seguros
	Internet
LIBERDADE!	Saia da Droga da Dívida
	Construa um Fundo "Eita, Ferrou"
	Construa um Fundo "Virada de Mesa"
	Não Seja Velho e Pobre
	Fundo da Liberdade
Renda	Salário
	Reembolsos e restituições
	Ganha-pão paralelo
	Benefícios e afins
Grandes gastos *Aqui eu faço muitas categorias personalizadas.*	Férias e aventuras
	Natal
	Custos com o ganha-pão paralelo
	Emergências
Transferências	Transferências entre contas

No painel financeiro que baixou anteriormente, você encontrará outras sugestões para estruturar a categorização. Encontre uma de que goste.

As categorias precisam fazer sentido para a sua vida. Se você é o tipo de pessoa que pratica seis esportes diferentes, convém uma categoria diferente para cada um, para ver se o futebol custa mais do que a natação.

A categorização é importante. Não é apenas uma lição de casa chata; está ajudando-o a processar e a pensar no que você põe o seu dinheiro e, principalmente, *por que* gasta dinheiro nessas coisas.

Reserve alguns minutos agora para elaborar sua própria estrutura de categorização. Há espaço para isso no painel.

■ DECIDA A DATA DE INÍCIO DO SEU MÊS FINANCEIRO

Você precisa tomar outra decisão antes de começarmos a classificar os seus gastos. Quando o seu mês começa, no que diz respeito ao dinheiro? É importante que você tome uma decisão sobre a data de início e cumpra-a. Caso contrário, quando você começar a tentar calcular médias, antes que perceba estará confundindo alhos com bugalhos.

Aqui está o que quero dizer com *mês financeiro*:

- Recebo meu salário principal no dia 25 de cada mês.
- Então, em 25 de junho, recebo muito dinheiro em minha conta.
- Em 26 de junho, pago o aluguel.
- Em 30 de junho, alguns débitos automáticos caem na minha conta.
- Em 6 de julho, vou a um restaurante e me dou de presente um jantar chique. #eumeamo

Agora, quando penso na transação de aluguel que ocorreu em 26 de junho, penso nisso como aluguel de julho. Penso no salário de 25 de junho como o salário de julho, porque ele deve durar até o final de julho. Penso que o jantar de 6 de julho faz parte do mesmo período orçamentário dos débitos automáticos de 30 de junho.

Assim, penso no meu mês monetário entre o dia 25 do mês passado e o dia 24 do mês atual. Nesse caso, meu mês financeiro decorreu de 25 de junho a 24 de julho, e é o meu orçamento de julho. Muitas pessoas pensam assim: no que diz respeito ao dinheiro, o mês começa no dia do pagamento.

Há quem não goste disso e prefira manter as coisas simples, considerando o mês normal. Isso faz especialmente sentido para pessoas que não têm um dia de pagamento principal e dependem de renda irregular.

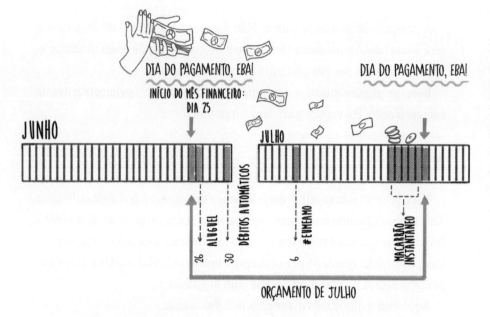

Não importa a preferência. Basta escolher uma data que sempre será o início do seu mês financeiro e cumpri-la. A maioria dos aplicativos permitirá que você escolha em que data o mês começa, então ajuste nas configurações.

▌ CATEGORIZAÇÃO AUTOMÁTICA

Depois de escolher o sistema de categorização e a data de início do mês, faça login no seu aplicativo (depois de adicionar todas as suas contas e fundos de investimento) e gaste algum tempo categorizando as transações.

Os sistemas inteligentes de categorização automática aprenderão com você; portanto, quanto mais tempo você usar um sistema, melhor ele vai categorizar as suas transações automaticamente.

QUANTO DOS SEUS GASTOS VOCÊ ADIVINHOU?

Parabéns! Pela primeira vez em sua vida, provavelmente, agora você tem uma imagem precisa do destino de todo o seu dinheiro.

Volte à estimativa lá do início do capítulo e compare para ver quão longe você passou da verdade.

Dados reais são impressionantes, certo?

AQUI ESTÁ O QUE VOCÊ QUER NO FINAL

Para cada mês financeiro, a partir de agora até o fim dos tempos, você precisa conhecer os seguintes números e acompanhá-los na sua planilha/ no seu aplicativo:

- Quanto dinheiro entrou (renda).
  — Não conte o dinheiro que você transferiu para a sua conta — por exemplo, novos empréstimos que tenha contratado ou dinheiro resgatado de investimento. Apenas trabalhe com a quantidade de renda líquida que entrou em sua conta bancária.
- Quanto dinheiro saiu da sua conta.
  — Quanto disso foi gasto (despesas)?
  — Quanto disso foi dinheiro poupado ou investido?
  — Quanto desse dinheiro foi destinado ao pagamento de dívidas?

Você também precisa de uma lista de todas as suas categorias de gastos e de quanto gastou em cada uma dela no mês.

Categoria	Média de 3 meses	Jul. 2020	Ago. 2020	Set. 2020
Ganhos e gastos	58	93	102	-22
Ganhos	2.153	2.150	2.050	2.260
Gastos	2.096	2.057	1.948	2.282
Despesas	1.826	1.807	1.678	1.992
Economias	270	250	270	290
Dívida				
Índice de gastos	84,68%	84,05%	81,85%	88,14%

QUAIS DESSAS CATEGORIAS TE DEIXAM TRISTE?
Uma última coisa rápida. Agora que você tem uma lista completa do que gasta em todas as categorias, desejo que dedique determinado tempo para refletir sobre como se sente em relação a cada uma delas.

Quais são as categorias de gastos que não acrescentam alegria à sua vida, que fazem você pensar *é, acho que preciso disso...* ou sentir apenas culpa e vergonha? Marque-as em vermelho.

Quais são as categorias que fazem você feliz, que realmente acrescentam alegria e significado à sua vida? Marque-as em verde.

Mais tarde, quando estiver pensando sobre onde cortar seus gastos, sabe por onde começar. Categorias vermelhas vão primeiro.

BÔNUS: VERIFIQUE O SEU SCORE

- Nota: Se você não possui nenhuma dívida (TOCA AQUI!), faça isso de qualquer maneira, para verificar se há fraude.

Há uma última informação que você precisa reunir antes de começar a montar seu plano financeiro. Trata-se da pontuação de crédito, ou score.

Toda vez que você contrair qualquer tipo de empréstimo por meio de uma instituição formal, essa empresa divulgará tais informações às agências de crédito. As agências de crédito acompanham as dívidas de todos. Sempre que você faz um pagamento com um dia de atraso, ou acumula muitos cartões da loja ou atinge o limite máximo de crédito, todas essas informações são relatadas a eles. Dívida é como a vida no Ensino Médio: *não há segredos*.

Seu relatório de crédito é muito importante e pode ter um enorme impacto na sua vida. Toda vez que você solicita um novo empréstimo ou assina um contrato, a primeira coisa que a empresa faz é verificar o seu histórico de crédito. As empresas são obrigadas a fazer isso por lei, e você não tem como impedi-las. Às vezes, os proprietários recebem um relatório de crédito antes de alugar um apartamento. Os empregadores em potencial podem recorrer ao seu histórico quando você se candidatar a um emprego.

Pelo lado bom, se você tem um bom histórico de crédito, provavelmente receberá melhores condições para os empréstimos de que precisa. Se quiser financiar um imóvel ou um carro, a melhor maneira de obter um com boa taxa de juros é ter excelente histórico de crédito.

Existem inúmeras histórias de pessoas que descobriram fraudes ao consultar o seu score ou histórico. Há quem faça a consulta apenas para descobrir se alguém fez empréstimo em seu nome, por isso a pontuação está péssima. Portanto, verifique seu score pelo menos uma vez por ano.

Aqui está um exemplo de relatório
(este é tirado do site da Serasa)

Cada uma das agências de crédito possui uma fórmula para resumir todas as suas informações de crédito em um único número chamado de score.[27] Em geral, você usa o seu CPF para obter o score e precisa pagar para obter um relatório detalhado (relatório de **crédito** = pago, **score** = gratuito). Não é essencial verificar a sua pontuação, mas pode ser útil saber.

Seu score de crédito é um número entre 0 e 1.000; 1.000 é a melhor pontuação e 0 é a pior pontuação. Qualquer coisa abaixo de 700 é algo com que você deve se preocupar. Sua pontuação de crédito é reduzida ao executar uma destas ações:

- Pagamento atrasado de dívidas ou não pagamento integral.
- Ter dívidas demais, proporcionalmente ao que você ganha.
- Usar todo o seu crédito disponível, como aumentar o limite do seu cartão de crédito.
- Ter dívidas protestadas.
- Abrir muitas contas, uma após a outra.
- Não ter histórico de crédito há muito tempo.

---

[27] Você pode consultar o seu score no site da Serasa: <https://www.serasaconsumidor.com.br/score/>.

Se o seu score não estiver tão alto, não entre em pânico. Vamos falar sobre como consertar isso no jogo Saia da Droga da Dívida, um pouco adiante.

■ NÃO PEGUE CRÉDITO APENAS PARA TER UMA BOA PONTUAÇÃO DE CRÉDITO

Um dos únicos conselhos de dinheiro que recebi quando jovem foi abrir mão de um cartão de loja no início dos meus vinte anos para que eu pudesse estabelecer um bom score de crédito. Acabou sendo um excelente conselho para *outras pessoas, menos para mim*. Assim, solicitei um cartão da loja e imediatamente acumulei várias centenas de dinheiros em dívidas relacionadas a tênis descolados que meio que esqueci que tinha, e que depois levei mais de um ano para pagar.

Contas de internet e celular também contam para a sua pontuação — essas, sim, coisas de que você realmente pode precisar.

PARE! HORA DE ANALISAR

O.k., equipe! Vocês fizeram o trabalho duro e reuniram todos os dados. Agora vamos colocar um grande microscópio metafórico sobre eles e descobrir o que significam.

Você vai descobrir alguns números importantes agora:
- Seu patrimônio líquido.
- Se você tinha mais dinheiro entrando do que saindo.
- Seu índice de gastos.
- Seu crescimento mensal.

■ SEU PATRIMÔNIO LÍQUIDO

Lembra-se do quadro que você criou? Precisamos somar esses valores. Se for uma dívida, subtraia do saldo total. Se for algo que você possui (como uma conta-corrente ou um investimento), adicione ao saldo total.

Esse grande número é o seu patrimônio líquido. No momento, esse número pode ter um grande sinal negativo na frente. Tudo bem. Nós vamos conseguir positivá-lo, confie em mim.

Calculando o seu patrimônio líquido

o que você tem **-** o que você deve **= patrimônio líquido**

■ DINHEIRO ENTRA, DINHEIRO SAI

Lembra-se da tabela de gastos que você já fez? Para cada mês no qual você possui dados, pegue a quantia total de dinheiro recebida (renda) e subtraia a quantia total que saiu dali (*incluindo* dinheiro gasto ou dinheiro transferido para um investimento — economizado ou usado para pagar dívidas).

Esse número informa se você tem um problema de fluxo de caixa. Se seu número costuma ser negativo (ou seja, mais dinheiro saiu do que entrou), é sinal de que precisa entrar no modo de bloqueio de emergência. Vamos falar disso um pouco mais adiante.

■ SEU ÍNDICE DE GASTOS

Você precisa fazer um pouco de matemática aqui. Mas apenas uma matemática bem básica.

Pegue as suas despesas do mês passado. Esse é todo o dinheiro que você gasta (não o que economizou ou usou para pagar dívidas). Divida esse número pela quantia que ganhou naquele mês. Multiplique por 100. Esse número é o seu índice de gastos.

Calculando o seu índice de gastos

despesas / renda **x** 100 **= índice de gastos**

Essa é a proporção da sua renda que você está dando para outras pessoas e empresas. Representa a porcentagem do seu tempo de trabalho para empresas de roupas, para o proprietário do seu apartamento, para o banco, enfim, e não para você.

Esse número deve ser a sua nova obsessão. Seu desafio é torná-lo o mais baixo possível. Escreva em um post-it e cole no espelho do banheiro. Tatue. Pense nele o máximo que puder. E, todos os meses, tente diminuir um pouco mais do que no mês anterior.

Vamos falar muito sobre o seu índice de gastos ao longo deste livro. É mais útil falar sobre ele do que falar sobre investimentos. Na maior parte do tempo, o comportamento do mercado é imprevisível. Mas o seu índice de gastos está absolutamente sob o seu controle.

■ SEU CRESCIMENTO MENSAL

Calcule qual era seu patrimônio líquido real no primeiro dia de cada um dos meses anteriores e calcule quanto aumentou ou diminuiu em relação ao mês anterior (como um número e uma porcentagem). Isso fornece uma indicação de quanto e como seu dinheiro está crescendo. Por enquanto, calcule seu número de crescimento mensal nos últimos dois meses.

Adquirimos o hábito de rastrear esses números todo mês durante a Grande Revisão Mensal de Dinheiro, sobre a qual falaremos no capítulo 8.

GERENCIANDO OS SENTIMENTOS

Analisar sua situação financeira está longe de ser gostoso. É um saco. Prepare-se para experimentar emoções fortes quando vir tudo que gastou, todas as suas dívidas e todas as suas contas meio esquecidas em preto e branco. Sentir essas emoções é uma coisa boa, porque faz parte de ser honesto consigo mesmo e de ver o que você precisa mudar.

Lembre-se de que essa é uma imagem do seu passado. Não precisa ser uma imagem do seu futuro.

A maioria de nós se endivida em dado momento da vida. Somos ludibriados a comprar um monte de porcaria que não precisávamos. Poupar é difícil para quase todo mundo. E muitos de nós passarão por fases de desemprego ou em um emprego de merda mal remunerado.

Mas você, caro leitor, vai mudar essa história. Você vai conquistar a sua tão merecida liberdade.

Então, dê um abraço apertado em si mesmo, porque você é um alguém muito foda 😊 Você conseguiu se organizar. Agora, vamos decidir o que fazer com isso.

Aqui está um balão em forma de gatinho para você se sentir melhor! Você MERECE.

DE ONDE VÊM OS SEUS SENTIMENTOS COM RELAÇÃO AO DINHEIRO?

Lutando com os sentimentos? Vou sugerir que tente fazer um diário (sim, aquele caderninho do tempo do onça). Aqui estão algumas reflexões para você. Não é para encarnar o dr. Freud, mas é bom lembrar que a maneira como você se sente em relação ao dinheiro provavelmente tem muito a ver com as suas memórias de infância. Sente-se, tome um drinque e vá escrevendo.

- Como você classificava a sua família quando era criança? Rica? Pobre? Classe média? Refletindo sobre isso agora, você acha que era uma ideia precisa?

- Você já se preocupou em não ter o suficiente para comer? Você se preocupou em não poder estudar ou fazer outra coisa com a qual realmente se importava, por causa da falta de dinheiro?
- Que decisões você tomou no passado por estar preocupado com dinheiro ou por querer provar algo a outras pessoas?
- Você já viu o orçamento da sua família? Eles tinham um planejamento financeiro?
- Você se lembra de conversar com os seus pais sobre dinheiro? Quais eram as emoções deles quando falavam sobre isso?
- Quais são as lições que seus pais ensinaram a você sobre dinheiro? Quais você acha que estavam certas e quais estavam erradas?
- Qual é a pior coisa que você pode imaginar te acontecendo, do ponto de vista financeiro? Pense nisso com detalhes excruciantes. Esse pior resultado possível seria realmente tão ruim? Como você lidaria com isso, caso acontecesse?

CHECKLIST PARA SE ORGANIZAR

- [ ] Escolha um aplicativo e cadastre-se.
- [ ] Liste todas as suas contas e fundos de investimento.
- [ ] Verifique as suas taxas de juros, tarifas bancárias etc.
- [ ] Reúna todas as suas informações de seguro.
- [ ] Escolha um sistema de categorização.
- [ ] Categorize as transações com base em pelo menos um mês.
- [ ] Escolha a data de início do seu mês financeiro.
- [ ] Verifique o seu score de crédito.
- [ ] Calcule o seu patrimônio líquido.
- [ ] Calcule a diferença entre dinheiro que entrou e dinheiro que saiu.
- [ ] Calcule o seu índice de gastos.
- [ ] Calcule seu número de crescimento mensal.
- [ ] Dê um tapinha nas suas costas porque você é incrível!

CAPÍTULO 4

DESCUBRA O JOGO QUE ESTÁ JOGANDO

JOGUE UM JOGO DE CADA VEZ

O gerenciamento do dinheiro parece difícil, porque parece que há 1 milhão de prioridades que concorrem entre si. Ter apenas um foco ajuda.

Digamos que você tenha uma dívida, mas também tem um filho de dois anos e deseja economizar para que ele estude em uma escola particular algum dia, e também gostaria de tirar férias no próximo ano para ver as impressionantes construções de argila de Tombuctu. Ah, e você também gostaria de passar sua aposentadoria viajando pelo mundo com seus oito periquitos, sem morrer de fome num abrigo. Para o que você deve economizar primeiro? Bem, acontece que, se você tem uma dívida com juros altos, a melhor coisa a fazer é sempre se livrar da dívida primeiro, independentemente de quais sejam suas outras prioridades.

Como ilustração, eis a rapidez com que sua dívida pode crescer (e lembre-se de que o juro composto faz a dívida *crescer* como uma aterrorizante bola de neve da morte):[28]

- Cartão de crédito: quase 300% ao ano.
- Cheque especial: quase 305% ao ano.
- Cartão de loja: pode chegar a 875% ao ano.[29]
- Crédito consignado: cerca de 20% ao ano.

... *versus* os juros que você em geral espera dos seus investimentos (valores estimados a título de exemplo):

---

28 Números divulgados pela imprensa brasileira, baseados no ano de 2019. (N. T.)
29 Fonte: <https://economia.estadao.com.br/noticias/seu-dinheiro,juros-de-cartoes-de-loja-podem-chegar-a-875-ao-ano,70002270830> Acesso em: 11 jun. 2020.

- Poupança: 4,26% ao ano (rendimento 2019).
- Portfólio de ações com bom desempenho: 10% ao ano.
- Tesouro Direto: 6,26% ao ano (título pré-fixado com vencimento em 2023)
- Previdência privada: 5,8% ao ano (fundo de renda fixa – conservador)

Lembre-se, o dinheiro é fungível — ou seja, dá para gastá-lo todinho, não importa a quantidade. Quando você pensa sobre o que deve fazer com o seu dinheiro, sempre precisa fazer a pergunta sobre em qual lugar esse dinheiro crescerá da melhor maneira possível. E, se você tem uma dívida, pode *aumentar* o seu dinheiro mais facilmente se pagar essa dívida do que em vez de economizar. Agora que você tem todas as suas informações do capítulo 3, vai ser muito mais simples ver o que fazer com o seu dinheiro, e em que ordem.

FLUXOGRAMA PARA DESCOBRIR QUE JOGO DE DINHEIRO VOCÊ ESTÁ JOGANDO.

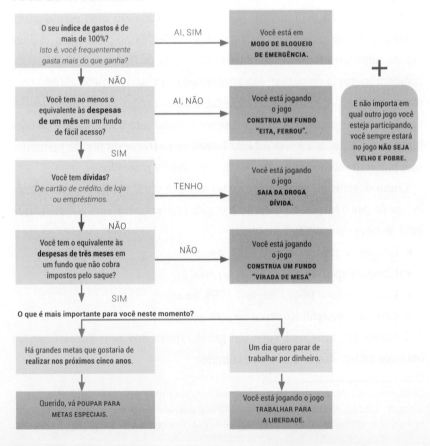

■ ESPERE, VOCÊ NÃO ESTÁ ESQUECENDO UM JOGO DE DINHEIRO IMPORTANTE?

Você perceberá que *comprar um imóvel* não é considerado um passo muito importante aqui. Isso porque sou da opinião (um tanto impopular) de que comprar uma casa provavelmente não fará uma enorme diferença para a sua riqueza. Dito isso, se você quiser comprar uma casa, isso é algo que pode fazer e até tem alguns benefícios. Mais para a frente há uma seção inteira sobre compra de imóvel. Mas eu consideraria essa uma tática bastante complicada de reduzir despesas.[30]

■ O QUE ACONTECE ALÉM DESSES JOGOS?

Existem outros jogos além do jogo da Liberdade, como o Deixe um Legado ou Torne-se um Bilionário, mas, se você estiver jogando esses jogos, este livro não tem nada para te ensinar. Além disso, por favor, me envie um pouco de dinheiro.

JOGO 1: MODO DE BLOQUEIO DE EMERGÊNCIA

O.k., primeira pergunta! Lembra-se do índice de gastos que calculamos no capítulo 3? Foi mais de 100%? Apenas para esclarecer, isso significa que, mesmo sem economizar nada ou pagar mais do que o valor mínimo que você deve em suas dívidas, *você gasta regularmente mais do que ganha*.

Se a resposta for sim, você está no modo de bloqueio de emergência. Já deu o primeiro passo mais importante ao reconhecer que isso está acontecendo, portanto, não entre em pânico. Mas é urgente que você saia dessa espiral, o.k.?

---

[30] Estou falando de comprar uma casa própria, é claro. Comprar imóveis para alugar para outras pessoas, como um fluxo de investimento e renda, é outro jogo, que não será abordado neste livro, porque a maioria das pessoas comuns deve começar pelo mercado de ações. E fazer casas para vender é uma carreira, não é uma estratégia simples de investimento.

■ COMO GANHAR ESSE JOGO

Reduza seus gastos e encontre mais maneiras de ganhar dinheiro. Agora. Urgentemente. Pule o restante deste capítulo e siga em frente para os capítulos 5 e 6 e comece a elaborar um plano de batalha.

■ DEFINA A META

Some todos os seus gastos mensais. Subtraia da sua renda líquida. Esse é o seu déficit mensal. Você precisa reduzir os seus gastos ou aumentar os seus ganhos com esse valor ou mais.

Categoria	Média de 3 meses	Jul. 2020
Ganhos e gastos	-176	-67
Ganhos	1.853	1.850
Gastos	2.029	1.917
Despesas	1.926	1.907
Economias	103	10
Dívida		
Índice de gastos	103,81%	103,08%

Essa pessoa precisa reduzir os gastos e aumentar os ganhos para cobrir essa dívida de R$ 176,00.

JOGO 2: CONSTRUA UM FUNDO "EITA, FERROU"

Aqui está a próxima pergunta: você tem pelo menos o correspondente a um mês de despesas em economias? Se a resposta for não, você está jogando o jogo Construa um Fundo "Eita, Ferrou" (conhecido também pelo nome sem graça de *reserva de emergência*). Não importa o que mais esteja acontecendo na sua vida financeira. Se você não possui um fundo de emergência, essa é sua primeira missão.

Este é um jogo divertido, porque é quando você deixa de ser escravo do seu salário mensal. Esse jogo começa a construir uma rede de segurança, além de oferecer opções.

■ COMO GANHAR ESSE JOGO

Você reduz suas despesas e economiza até investir o correspondente às suas despesas mensais, que nunca deve usar para comprar coisas, a menos que seja uma emergência real, como algo que impeça você de trabalhar ou uma enchente em casa. Passagens para Portugal em promoção não constituem uma emergência.

Você coloca esse dinheiro em um fundo de investimento que possa ser acessado quase imediatamente (em menos de sete dias). Consulte o capítulo 7 para conselhos de bons investimentos.

■ DEFINA SUA META

Essa parte é fácil. Vá para a sua planilha. Imagine que você acabou de perder o emprego. Some todas as despesas das quais não poderia se livrar de uma hora para outra (por exemplo, você pode deixar de comer fora, mas provavelmente não pode cancelar um contrato de academia quando quiser).

Esse é o valor da sua meta.

■ CALCULE SEU TEMPO PARA ATINGIR ESSA META

Pegue o valor da meta, divida-o pelo valor que está economizando todos os meses e arredonde-o para um número inteiro. Essa é a quantidade de meses necessária para você alcançar a meta, a menos que economize mais dinheiro.

Tempo para alcançar

$$\frac{\text{meta}}{\text{contribuições mensais}} = \text{meses para alcançar a meta}$$

■ POR QUE TER UM FUNDO DE EMERGÊNCIA, EM VEZ DE APENAS SAIR DA DÍVIDA?

Bem, pensando friamente, sair da dívida primeiro faz mais sentido financeiro. Mas algumas pesquisas sugerem que uma reserva de emergência facilita a saída da dívida. Por razões comportamentais, não financeiras.

Emergências acontecem. Pessoas ficam doentes e carros quebram. Se você não possui um fundo de emergência, a única coisa que pode fazer é voltar a endividar-se. E então você perde o efeito da *linha brilhante* sobre a qual falamos no capítulo 1. Quando vencer a dívida, poderá cortar os seus cartões de crédito e começar do zero. Não há nada mais desmoralizante do que se comprometer com uma meta, chegar até ela e depois recuar porque o burro do seu gato caiu pela janela e precisa de uma cirurgia.[31]

JOGO 3: SAIA DA DROGA DA DÍVIDA

Aqui está a próxima pergunta: você tem alguma *dívida de consumidor*?

Dívida de consumidor equivale a dívida no cartão de crédito (além do período em que você não paga juros), em cartões de loja, no cheque especial e em empréstimos pessoais. Não contam financiamentos (de casa, carro e educação).

Se sim, você está jogando o jogo SAIA DA DROGA DA DÍVIDA. É um jogo de baixa qualidade, porque todo o seu dinheiro de sobra é destinado a pagar por coisas que você já comprou no passado, e não por coisas que vão melhorar a vida do seu eu futuro. É uma prisão. São bolas de neve surpreendentemente rápidas. Reduzem as suas opções. Extermine-as. Torne a sua prioridade vencer esse jogo o mais rápido que puder.

Mas não se sinta mal por isso. Quase todo mundo começa jogando esse jogo. Todo o setor de serviços financeiros (e de publicidade) está configurado para prendê-lo em dívidas para sempre. Vença essa etapa, porque depois fica muito mais divertido, o.k.?

Até a Yeezy tem dívidas problemáticas: em 2016, Kanye West afirmou que tinha 53 milhões de dólares em dívidas. Você está em boa companhia.[32]

---

31 Sim, isso aconteceu comigo. Gato infeliz.
32 *AVISO: Não siga os conselhos financeiros (ou políticos) de Kanye West.*

■ COMO GANHAR ESSE JOGO

Reduza suas despesas o máximo que puder e pague a dívida logo, até que os saldos das dívidas em todas as suas contas cheguem a um agradável e sexy zero. Não pague apenas o valor mínimo das dívidas. Pague o máximo que puder. Livre-se dessa merda. Está te puxando para baixo. Se tem mais de uma dívida, existem duas estratégias para ganhar esse jogo. Vou sugerir o método da bola de neve, mas qualquer uma das estratégias está correta.

Estratégia 1: Método da bola de neve

Liste suas dívidas do menor saldo ao maior saldo. Continue pagando o valor mínimo de todas as suas outras dívidas e dedique todos os centavos que você tiver para pagar a pequena dívida. Depois de pagar essa pequena dívida, você pega o valor total que estava pagando nessa dívida e coloca tudo na segunda menor dívida, e assim por diante. E acaba da seguinte forma:

Pagamento da dívida: método bola de neve

Mês	Dívida 1 Saldo Inicial: R$60 Juros: 17%		Dívida 2 Saldo Inicial: R$150 Juros: 18%		Dívida 3 Saldo Inicial: R$250 Juros: 25%		Total Dívida total: R$460	
	Saldo	Pagamento	Saldo	Pagamento	Saldo	Pagamento	Saldo	Pagamento
1	R$60	R$50	R$150	R$8	R$250	R$13	**R$460**	**R$70**
2	R$10	R$10	R$145	R$48	R$242	R$12	R$397	R$70
3			R$98	R$58	R$235	R$12	R$333	R$70
4			R$41	R$41	R$228	R$29	R$269	R$70
5					R$203	R$70	R$203	R$70
6					R$136	R$70	R$136	R$70
7					R$67	R$67	R$67	R$67

Gosto desse método porque você logo obtém uma vitória psicológica! Oba! Que bom que é derrotar o seu cérebro imbecil.

Estratégia 2: Método da avalanche

Liste suas dívidas da taxa de juros *mais alta* à mais baixa. Pague primeiro a sua dívida mais cara, independentemente do tamanho. Depois de pagar, pegue o valor total que estava pagando e coloque tudo no pagamento da segunda dívida mais cara. Ele acaba da seguinte forma:

Pagamento da dívida: método da avalanche

	Dívida 1		Dívida 2		Dívida 3		Total	
	Saldo Inicial: R$250		Saldo Inicial: R$150		Saldo Inicial: R$60		Dívida total: R$460	
	Juros: 25%		Juros: 18%		Juros: 17%				
Mês	Saldo	Pagamento	Saldo	Pagamento	Saldo	Pagamento	Saldo	Pagamento
1	R$250	R$60	R$150	R$8	R$60	R$3	**R$460**	**R$70**
2	R$194	R$60	R$145	R$7	R$58	R$3	R$397	R$70
3	R$137	R$60	R$139	R$7	R$56	R$3	R$333	R$70
4	R$79	R$61	R$134	R$7	R$54	R$3	R$267	R$70
5	R$19	R$19	R$130	R$48	R$52	R$3	R$200	R$70
6			R$82	R$61	R$50	R$2	R$132	R$70
7			R$22	R$15	R$48	R$48	R$70	R$63

Se você estava prestando atenção à seção de juros compostos no capítulo 2, saberá que essa é a maneira mais racional de quitar as dívidas, porque você pode economizar muito dinheiro dessa maneira. Se você tem dívidas com juros muito altos, use esse método.

■ DEFINA A META

É um pouco difícil de calcular, porque o valor que você pagará para saldar as suas dívidas depende das taxas de juros, da velocidade com que as paga e do método que escolhe para pagá-las. Há uma calculadora para isso no painel cujo link está listado na página 58.

■ CALCULE SEU TEMPO PARA ATINGIR ESSA META

Isso também é complicado. Calculadora no painel.

■ CONSULTORIA EM DÍVIDAS

O.k., e se apenas cortar gastos não for suficiente? E se você tiver cobradores de dívidas ligando para o seu celular com tanta frequência que você está pensando em mudar de nome e de país? E se suas dívidas estiverem crescendo tão rapidamente a cada mês que você nem consegue imaginar uma maneira de dar conta das parcelas?

Em outras palavras, e se você realmente estiver se afundando na mais profunda merda?

Existe uma opção útil para os devedores excessivos: consultoria em dívidas.

Trata-se de programas de aconselhamento de pessoas que estão estranguladas e precisam de ajuda para encontrar soluções. Dependendo da sua situação, essas soluções podem incluir:

- Um plano de gerenciamento de dívidas: junte as suas dívidas em um único pagamento a cada mês, geralmente reduzindo os juros que você está pagando.
- Renegociação: você renegocia o prazo ou valor da dívida com o credor.
- Falência: o equivalente financeiro de colocar uma bandeira branca e dizer eu me rendo. Nesse caso, é possível que o seu nome fique sujo. Você admite para si e para os credores que não há como devolver o dinheiro que deve em um período razoável. Assim, os credores aceitarão o que você puder lhes oferecer (mas essa é uma medida extrema).

Se você sente que está em uma espiral de dívidas verdadeiramente sem saída, vá conversar com uma consultoria em dívidas e descubra se podem ajudar você. Não é necessário passar por isso sozinho.

■ USANDO EMPRÉSTIMOS PARA PAGAR EMPRÉSTIMOS

Se você possui empréstimos com uma taxa de juros muito alta e também tem acesso a uma linha de crédito diferente, com uma taxa de juros mais baixa (por exemplo, um empréstimo consignado), pode valer a pena considerar o uso de um novo empréstimo para quitar o empréstimo com juros altos. Porém, tenha cuidado: sua principal prioridade é sair da dívida o mais rápido possível. Se você trocar a dívida por uma nova, continue pagando o máximo possível para eliminá-la. Não mude seus empréstimos para pagar uma quantia mensal cada vez menor — isso pode custar muito mais dinheiro em juros no longo prazo. Trocar de dívida também não pode ser uma desculpa para contrair mais dívidas.

■ LISTA DE DÍVIDAS PROIBIDAS

A dívida de consumidor é terrível. Vamos fazer uma promessa de nunca mais recorrer a esse tipo de dívida de novo. Esta é a nossa lista de dívidas proibidas. Nós odiamos essas dívidas. Estamos tentando eliminá-las de nossas vidas o mais rápido possível. Depois de eliminá-las, a nossa missão será nunca mais usá-las novamente.

- Crédito pessoal.
- Parcelamento ou pagamento mínimo de cartão de crédito.
- Parcelamento de móveis ou eletrônicos.
- Cartões de loja.
- Cheque especial.

Basicamente, se a sua taxa de juros for superior a cerca de 6% ao ano (ou seja, praticamente todas as dívidas brasileiras), *você precisa eliminar essa merda da sua vida.*

■ PRÁTICAS ILEGAIS DE EMPRÉSTIMO

Na vida, passamos às vezes por momentos difíceis. Pode chegar um momento da vida em que você precise de dinheiro tão rapidamente que a maneira mais fácil de obtê-lo é de um credor informal (também conhecido como agiota, também conhecido como aquele sócio desonesto do seu tio que gosta demais de correntinhas de ouro). Frequentemente, a razão pela qual as pessoas recorrem a credores informais é não possuírem a documentação ou o histórico de crédito adequados para acessar um empréstimo formal.

Esses são empréstimos perigosos. Não há limite para a quantidade de juros que podem cobrar, e não há promessa de que não recorrerão a truques sujos para manter você em uma espiral de dívidas para sempre (uma coisa comum é inventar todo tipo de *encargos especiais* que eles convenientemente esquecem que existem até a hora de você querer quitar o empréstimo). Não fazem uma avaliação adequada para saber se você tem como pagar um empréstimo daquele valor. Pode parecer uma tábua da salvação no momento, mas lhe causará inúmeros problemas mais tarde.

E, é claro, sempre há a possibilidade de eles aparecerem na sua casa no meio da noite perguntando se você precisa *mesmo* dos dois joelhos. Agiotas — por definição — operam fora da lei. Não pense que isso não possa levar à violência, por mais amistosos que pareçam ser quando oferecem dinheiro a você pela primeira vez.

Não importa o quanto as coisas estejam difíceis, tente todos os outros meios sem recorrer a esses empréstimos. Não valem a pena.

Legalmente, ninguém pode assediá-lo por não pagar uma dívida. Um agiota pode ameaçar mandar você para a prisão caso não pague. Mas, se ele não for ligado a uma instituição de crédito regularizada, *não tem o direito* de fazer você pagar o empréstimo, porque, para começar, toda a operação foi ilegal.

Caso você esteja sendo assediado por um agiota, chame a polícia. E recorra a um segurança particular se sentir que está em perigo.

Dívida com seguro versus dívida sem seguro

Às vezes, você pode ouvir algo como uma hipoteca chamada **dívida garantida**. Isso significa que você usou a dívida para comprar algo que manterá seu valor (a casa real). Isso torna a dívida um risco menor para o banco, porque, se você parar de pagar sua dívida, eles podem simplesmente aparecer e levar sua casa, e então eles não perderam nada. Quando sua casa é usada assim, isso é chamado de garantia para o empréstimo. Como essa dívida é mais segura para o banco, é mais barata (ou seja, tem juros mais baixos). Um empréstimo de carro também é uma dívida garantida, mas os carros, na verdade, não mantêm seu valor muito bem (especialmente carros novos), portanto você não obtém uma taxa de juros tão boa quanto obteria em um empréstimo à habitação.

JOGO 4: CONSTRUA UM FUNDO "VIRADA DE MESA"

Uhuuu! O.k., então você pagou a dívida. É aqui que as coisas começam a ficar divertidas.

Você se lembra do fundo de emergência que construiu até um mês? Você vai construir esse miserável um pouco mais até acumular três meses de economia.

Por que você precisa dessa quantia ridiculamente grande de dinheiro em um fundo de fácil acesso? Porque, meu amigo, liberdade significa liberdade de virar a mesa quando der na sua telha.

Você já viu aqueles vídeos do YouTube, certo? Alguém está em um emprego, e tem sido ótimo até o presente momento, mas, então, algo acontece. Os colegas de trabalho são sacanas, ou o chefe é meio safado, ou a empresa é comprada por uma nova megacorporação e, de repente, lá está você trabalhando para o diabo no inferno. A virada de mesa depende de você ter dinheiro suficiente em economias para quando perceber que não quer mais trabalhar em um lugar. Você vira a mesa num acesso de raiva e anuncia: *Tchau, seu bando de otários!* E sai pela porta como um unicórnio blindado em direção a um pôr do sol glorioso.

Esse fundo significa a liberdade de saber que você pode virar a mesa sempre que precisar. Tem a ver com o poder de abrir um negócio, caso queira, ou de ter um filho sem ir à falência, caso assim você decida.

Seu fundo "Virada de Mesa" é seu primeiro gosto real de liberdade.

COMO GANHAR ESSE JOGO

Mantenha o índice de gastos baixo e continue construindo as suas economias. Coloque isso em um fundo um pouco menos acessível que o seu fundo de emergência, como um fundo com aviso prévio de retirada de um mês ou um fundo de mercado monetário.

DEFINA A META

A quantia que você calculou para o jogo Construa um Fundo "Eita, Ferrou"? Multiplique isso por três.

CALCULE SEU TEMPO PARA ATINGIR A META

Divida o valor da meta pela quantidade de dinheiro que pode economizar todos os meses. Arredonde para o número inteiro mais próximo. Isso são quantos meses você levará, contando com a sua capacidade de investimento atual.

TRÊS OU SEIS MESES?

Algumas pessoas dizem que você precisa de seis meses. Aqui está o acordo: se você tem uma família que depende de você financeiramente ou se trabalha como freelancer e tem renda irregular, então, sim, você precisa de seis meses. Se não, dane-se. Eu digo que você só precisa de três. Lembre-se, a essa altura, você não tem mais grandes dívidas, certo? Então, já tem muito mais liberdade para lidar com as mudanças à medida que elas acontecem. Sorte sua. ☺

JOGO (OPCIONAL) 5: POUPAR PARA METAS ESPECIAIS

TENTE PULAR A ECONOMIA PARA METAS ESPECIAIS

A sabedoria típica do dinheiro é economizar para metas específicas de longo prazo. Um casamento, abrir um negócio, enviar seus filhos para uma escola chique ou qualquer outra coisa. Em geral, as pessoas da área financeira dizem que você deve definir quais são seus objetivos e elaborar um plano a partir daí. Bem, não estou nem aí para isso.

Não conheço você, mas eu mesma não tenho a mínima ideia do que vou querer fazer da minha vida na próxima semana, e muito menos daqui a cinco anos. Mas, entendi, alguns de vocês fazem o tipo superdisciplinados, com planos detalhados para os próximos cinco anos.

Ainda acho que você deveria se ater à minha estratégia. Por quê?

Bem, sua vida é coberta por certa névoa, certo? Você já jogou jogos de computador baseados em estratégia, nos quais só pode ver uma parte do mapa ao seu redor e todo o resto fica escondido atrás de uma névoa até você realmente conseguir ir até lá e ver o que há?

Com a sua vida é a mesma coisa. Você está muito mais certo sobre as coisas que deseja agora, e na próxima semana e talvez este ano, do que sobre as coisas que possa querer daqui a cinco ou dez anos. Isso significa que as valoriza demais. Se você trabalha em um plano financeiro com base no que deseja, provavelmente trabalha em um plano financeiro com base nas coisas que deseja fazer, no máximo, nos próximos anos.

Infelizmente, porém, o dinheiro funciona exatamente da maneira oposta à do nosso cérebro. O hipotético dinheiro futuro é *muito mais valioso* do que o dinheiro presente, porque você pode investir. Portanto, não acho que deva projetar a sua estratégia de dinheiro com base em metas. Acho que você deve projetar sua estratégia de dinheiro com base em como o dinheiro funciona e criar uma montanha de dinheiro, isto é, de possibilidades — o seu Fundo da Liberdade — e depois fazer o que quiser com ele.

O.k. Tudo bem. Digamos que você tenha certeza de que deseja gastar uma quantia muito grande em algum momento nos próximos dois anos em algo que é importantíssimo para você — matricular os filhos em uma escola particular, talvez. Você definitivamente deveria economizar para isso. Aqui está como.

■ COMO GANHAR ESSE JOGO

Se a meta for para daqui a *mais de cinco anos*, basta planejá-la em sua estratégia fixa de investimento.

Mas, se a meta de economia for para *antes de cinco anos*, você precisará de um veículo de investimento especial e de baixo risco. Mais sobre isso no capítulo 7. Não economize para metas especiais se você tiver dívidas caras. E não supervalorize esse tipo de economia à custa de investir agressivamente no longo prazo.

■ ESPERA AÍ, A ENTRADA DA CASA NÃO É (MESMO!) UMA META ESPECIAL

Você pode contar com a economia para a entrada de um imóvel como parte da sua Meta da Liberdade, porque, em última análise, você a colocará em um bem. Mas, se planeja comprar uma casa nos próximos cinco anos, coloque essa entrada em um fundo de baixo risco, como sugeri no último item.

JOGO 6: TRABALHE POR SUA LIBERDADE

O.k., pessoal — parabéns! Se você chegou até aqui, está jogando o jogo da Liberdade. Esse é o melhor jogo. É o jogo que todos queremos jogar. É o jogo de se aproximar do dia em que você nunca mais precisará trabalhar por dinheiro.

Mesmo que você nunca alcance esse objetivo, toda a economia extra que fizer é a liberdade de optar por fazer qualquer coisa: tirar período sabático, abrir um negócio, viajar pelo mundo, fazer doutorado em dança interpretativa, construir a melhor escultura de Lego do universo... Seja lá qual for o seu sonho, você vence esse jogo jogando.

É o jogo da construção da verdadeira riqueza, na forma de renda passiva. Trata-se de criar uma boa base de ativos saudáveis tão grande que seu dinheiro possa ganhar mais dinheiro enquanto você dorme.

■ COMO GANHAR ESSE JOGO

Investindo, todos os meses, em ativos realmente inteligentes e fáceis de entender que aumentam seu dinheiro para você. Vá para o capítulo 7 para obter a estratégia completa para isso. É o jogo mais divertido que você já jogou com o seu dinheiro.

■ DEFINA A META

Adicione todos os seus gastos mensais normais (não o que você poupa). Multiplique por 12 para obter um custo de vida anual. Em seguida, multiplique esse número por 25. É quanto dinheiro você precisa ter em uma conta de investimento para cobrir todas as suas despesas pelo resto da vida, não importa quanto tempo você viva. Mais ou menos.[33]

Pense nisso por um minutinho. Se você conseguir reduzir as suas despesas o suficiente, economizar dinheiro e investi-lo de maneira inteligente, poderá aproveitar os juros. Para sempre. Isso significa que poderá se aposentar e fazer o que quiser pelo resto da sua vida. Estou planejando usar a minha liberdade para reproduzir todas as pinturas de Bob Ross. *Nuvenzinhas felizes...*

■ CALCULE O TEMPO PARA ATINGIR A META

É aqui que os juros compostos ficam divertidos! Pode não demorar tanto quanto você acha, pois, felizmente, uma boa parte do montante virá dos juros. Essa fórmula é um pouco complicada, mas há uma calculadora confiável no meu painel para você.

---

[33] Não é um cálculo perfeito, óbvio. Não venha me processar se você viver até 242 anos e ficar sem dinheiro para comprar sapatos espaciais no ano de 2238.

■ PARA QUE PERDER TEMPO COM ESSE JOGO?

Esse número que você acabou de calcular? Parece incrivelmente grande, eu sei. *Mas, Sam,* você está pensando, *só estou tentando passar o mês sem me estressar! Estou tentando comprar uma casa! Não tenho férias há anos! Eu simplesmente não sou o tipo de pessoa que pode pensar realisticamente sobre uma aposentadoria precoce!*

Tudo isso é completamente justo. Mas aqui está a realidade: na pior das hipóteses, mantenha esse número em mente como um alvo da *sua aposentadoria real e na hora certa*. Chegará o dia em que você precisará viver apenas de seus ativos, de um jeito ou de outro. Você não preferiria que fosse do seu jeito? Você preferiria chegar a esse momento com energia e saúde suficientes para se divertir ainda?

Além disso, esse valor não é necessariamente um número de aposentadoria antecipada. É um número de independência financeira. Você pode alcançá-lo e ainda desejar trabalhar. Você pode chegar a um ponto em que possa optar por não trabalhar por dinheiro.

Falando sério. Não espero necessariamente que você vença esse jogo. Deus sabe que não estou nem perto de vencê-lo. Espero jogar esse jogo por um longo tempo ainda. Reduza esse objetivo, se necessário. Mire nos próximos 10 mil ou 50 mil reais. Quer você economize tudo por um dia em que possa parar de trabalhar completamente ou gaste esse dinheiro financiando seus grandes e audaciosos sonhos, esse dinheiro é o dinheiro da liberdade. Você vai desfrutá-lo.

SE PARASSE DE TRABALHAR HOJE, QUANTO VOCÊ TERIA PARA VIVER?

Imagine que vá viver para sempre (vamos supor que a ciência dê alguns grandes saltos). E você queira parar de trabalhar amanhã, aproveitando apenas as economias que já possui. Vamos supor também que você esteja confiante de que poderia investir seu dinheiro em algo que poderia render 4% acima da inflação todos os anos e que você viveria sem nunca esgotar o capital (valor do investimento inicial). O que teria para viver todo mês?

Use o seu saldo total de investimentos. Multiplique por 0,04. Divida por 12.

Valor do investimento	Renda gerada pelo investimento
R$ 1.000.000,00	R$ 3.333 ao mês
R$ 100.000,00	R$ 333 ao mês
R$ 10.000,00	R$ 33 ao mês

Essa é a chamada regra de retirada segura de 4%. Não é perfeita, mas é uma regra prática para ajudar a ativar as suas fantasias de liberdade.

JOGO 7: NÃO SEJA VELHO E POBRE

Você está sempre jogando um jogo especial, não importa em que nível esteja nos outros jogos de dinheiro. É chamado de jogo Não Seja Velho e Pobre. Você está jogando esse jogo desde o primeiro salário recebido até o último.

Há uma razão para que esse jogo não se encaixe nas etapas normais: impostos. Você obtém benefícios significativos investindo em uma previdência, mas apenas se não tocar no dinheiro antes que esteja, de fato, velho. Você pode aprender mais sobre isso na seção de impostos do capítulo 7.

■ COMO JOGAR ESSE JOGO

A instituição em que você trabalha oferece contribuição para aposentadoria?

Isso significa que, se você colocar 2% do seu salário, eles corresponderão à sua contribuição e colocarão 2% extras. No Brasil, é assim que funciona, por exemplo, a Fundação de Previdência Complementar do Servidor Público Federal do Poder Executivo (Funpresp). Se a resposta for afirmativa, essa é possivelmente a atitude mais importante que você pode tomar ao longo deste livro:

**INSCREVA-SE NO VALOR MÁXIMO CASO A EMPRESA
(OU O GOVERNO, NO CASO DE SERVIDORES PÚBLICOS)
DOBRE A SUA CONTRIBUIÇÃO. HOJE MESMO.**

Priorize isso acima de quase qualquer outra coisa, a menos que você esteja no modo de bloqueio de emergência.

Sua empresa não oferece contrapartida de contribuição para a aposentadoria ou você trabalha por conta própria?

Invista na previdência, no Tesouro Direto ou em outro investimento de longo prazo. Se quiser, vá direto para essa seção no capítulo 7.

Quanto você deve economizar todos os meses para se aposentar?

Uma das melhores coisas que existem é o recolhimento automático para o INSS (ou outro fundo, caso você seja servidor público no Brasil) por parte do empregador. Mas, mesmo que seja funcionário de uma empresa, isso não significa — de jeito nenhum! — que deva partir do princípio de que a sua aposentadoria está resolvida. Você é quem acabará vivendo com as consequências de não economizar o suficiente ou não fazer investimentos inteligentes. E precisa dedicar algum tempo para isso, a menos que pense que conseguirá sobreviver apenas com uma aposentadoria do Estado. Aff.

A maioria das calculadoras de aposentadoria trabalha com algo chamado índice de substituição de aposentadoria — ou seja, que porcentagem da sua renda mensal atual você retiraria após a aposentadoria? Por exemplo, se você está ganhando 5 mil reais por mês agora e, após a aposentadoria, quiser extrair 4 mil reais de suas economias todos os meses, você está trabalhando com um índice de substituição de 80%.

A sabedoria popular diz que você deve buscar um índice de substituição de aposentadoria de cerca de 75%, porque sua vida pode ser um pouco mais barata após a aposentadoria do que é agora.

Você precisará priorizar suas economias de aposentadoria no contexto de suas outras metas, mas aqui está a minha sugestão: verifique seus valores de gastos mensais e pense sobre quais são as despesas mensais que provavelmente terá na aposentadoria (por exemplo, pode ser que tenha que gastar com remédios e cuidadores, mas os custos com entretenimento podem ser menores, porque o bingo da igreja costuma ser baratinho). Calcule qual é o índice de substituição da sua aposentadoria e conecte esse número a uma calculadora de aposentadoria on-line. Se não tiver certeza, use 75%. A calculadora informará quanto você precisa economizar todos os meses em uma previdência ou outro investimento para obter essa renda quando se aposentar.

Como uma regra geral ainda mais simples, tente o seguinte: **escolha a idade em que você começará a economizar para a aposentadoria e divida pela metade — esse é o percentual da sua renda que você deve economizar todos os meses**. Por exemplo, se você começar a economizar aos trinta anos, provavelmente precisará economizar 15% de sua renda todos os meses para se aposentar. Como pode ver, começar a economizar mais cedo torna a sua vida muito mais simples.

Use o bom senso. Se você está jogando o jogo Saia da Droga da Dívida, provavelmente deseja priorizar isso e economizar um pouco menos todos os meses para a sua aposentadoria. As taxas de juros da dívida são quase sempre mais altas do que as taxas de juros dos investimentos. Apesar de que isso — e aqui está o incentivo maior — é um sinal de que, quanto antes você começar a investir para a sua aposentadoria, melhor, mesmo que neste momento ainda esteja tentando matar sua dívida. E isso é duplamente verdadeiro se você participar de um fundo que dobra cada contribuição sua para a aposentadoria (como o Funpresp dos servidores públicos federais no Brasil).

Pessoalmente, sei qual é o meu salário mensal *pessimista* — é uma quantia em dinheiro com a qual eu sei que *poderia* viver com as minhas necessidades básicas atendidas, mas não mais que isso. É quanto dinheiro economizo no meu fundo de aposentadoria todos os meses. Quanto ao resto, estou confiando na minha Meta da Liberdade. Encontre um número que seja confortável para você.

Honestamente, esse é um dos tipos de cálculos complexos o suficiente para valer a pena conversar com um consultor financeiro a respeito. (Leia a seção sobre como encontrar um bom consultor.)

> Não é realista financiar uma aposentadoria de trinta anos com trinta anos de trabalho. Você não pode esperar poupar 10% da sua renda e depois financiar uma aposentadoria pelo mesmo tempo.
>
> **John Shoven**, professor de Economia da Universidade de Stanford

Os cuidados de saúde estão melhorando o tempo todo. Isso é ótimo, mas também tem o terrível efeito colateral de que você pode viver até os 120 anos. Caso se aposente aos 65 anos, isso significa que poderá ficar aposentado por mais tempo do que trabalhou. Por um lado, precisamos parar de pensar na aposentadoria como algo que acontece aos 65 anos — provavelmente, precisaremos criar carreiras mais robustas que nos permitam continuar trabalhando até a velhice (e continuar a nos dar alegria e propósito). Isso também quer dizer que acumular o máximo de riqueza possível durante a nossa vida profissional é crucial.

TUDO JUNTO E MISTURADO

Então agora você deve ter uma ideia clara de:
- Qual jogo está jogando.
- Como você vai ganhar esse jogo.
- Seu valor-alvo.
- A data em que você alcançará essa meta.

Adicione o valor desejado e a data da conquista ao seu painel.
Sempre que acelerar seu progresso (melhorando o seu índice de gastos), chegará lá mais rapidamente e verá a data de realização de sua meta se aproximar. Uebaaa!

CAPÍTULO 5

DEFENDENDO SEU DINHEIRO

PAGUE-SE PRIMEIRO

Em geral, quando pensamos em um orçamento pessoal porque queremos sair da dívida ou economizar mais, acabamos pensando assim: *A partir de agora, vou viver só de macarrão instantâneo, nunca mais vou comprar nada e, no final do mês, vou conseguir investir um monte de dinheiro! Iupiii!*

E, então, o mês passa, e você se depara com um lindo tênis na vitrine e, sabe como é, ninguém vive só de macarrão e, além disso, todos os seus amigos vão sair para jantar hoje à noite, e você não quer ser um pária, daí acaba fazendo um bate e volta improvisado no fim de semana, porque #partiupraia, e esquece que era o aniversário do seu irmão, e que monstro que você é, nem comprou um presente ainda, e aí... Aí...

E aí que o mês acaba e você gastou tudo que havia na conta. E isso não significa que você não tenha autocontrole, ou que seja uma pessoa horrível. Significa apenas que é um ser humano normal. Então, ajude o seu pequeno cérebro primitivo e vire o jogo a seu favor:

> Você não poupa o que resta depois de gastar.
> Você gasta o que resta depois de poupar.
> **Warren** Buffett

Em geral, quando faz um orçamento, você separa o que pode gastar em todas as coisas bacanas que você quer, depois vê o que resta e decide que isso é que vai poupar.

Mas somos mais espertos que isso. Vamos *começar* calculando o quanto queremos economizar todos os meses e criar o nosso orçamento a partir daí.

Também vamos tornar a nossa economia completamente automática, para que não tenhamos que nos esforçar para fazer isso todo mês. Não haverá tentação de pular um mês porque ele é *especial*. *Vou pular este mês porque preciso fazer a revisão do carro. Vou pular este mês porque vou viajar no fim de semana. Vou pular este mês porque é dezembro.* Não. Não. Não. Se você for levando assim, juro que haverá mais meses *especiais* do que meses normais.

Isso significa que devemos calcular quanto dinheiro podemos economizar e configurar uma *transferência automática da conta-corrente para o investimento*, de forma que nem precisemos pensar nisso. No capítulo 8, falaremos sobre o importante ritual que o ajudará a manter o foco em sua taxa de gastos: a Grande Revisão Mensal de Dinheiro.

COMO ENFRENTAR AS DESPESAS

Lembra-se do capítulo 3, quando passamos um bom tempo categorizando os nossos gastos para que pudéssemos descobrir para onde o dinheiro está indo? Lembra-se de como eu disse que todo o esforço valeria a pena porque usaríamos mais tarde? Bem, agora é a hora de cumprir a promessa. Te peguei, mané.

Lembra-se do índice de gastos que você calculou? Agora é hora de resgatar o dito-cujo e encará-lo. O desafio é: diminuir esse número.

■ UM ÍNDICE DE GASTOS SENSATO

Um índice de gastos de 90% é o objetivo da maioria das pessoas? 80%? Você não se importa. Você quer esse Fundo da Liberdade, lembra? E vai chegar lá cortando lentamente tudo em sua vida que custa dinheiro e não te faz feliz. Mas é uma jornada. Onde quer que esteja começando, tente diminuir o número, pouco a pouco, todos os meses.

Se você precisa ter uma meta numérica, um índice de gastos de 70% é bastante confortável. **Isso significa que 30% de sua renda são destinados a economias ou pagamentos de dívidas.** Essa é uma proporção mais alta do que a maioria das pessoas consegue gerenciar, mas a maioria das pessoas luta para dormir à noite por causa das preocupações financeiras.

Mas lembre-se, os que poupam 40% estão a apenas doze anos da independência financeira, portanto, não pare nos 70%.

Economize mais amanhã

Uma ótima maneira de aumentar a sua porcentagem de economias é comprometer-se a aumentar a porcentagem que você economiza toda vez que obtiver um aumento salarial. Digamos que você só possa economizar 5% agora, mas sabe que terá um aumento de 10% em alguns meses. Se você economizasse metade desse valor aumentado, aumentaria o seu índice de economia para quase 9%. E, se fizer isso sempre que obtiver um aumento, acabará economizando mais do que imaginava, sem ter que sofrer uma queda perceptível nos seus gastos.

Essa ideia, chamada de Plano Economize Mais Amanhã, é realmente inteligente e foi criada por Richard Thaler e Shlomo Benartzi. Se mais empresas incorporassem esses planos em seus contratos, nossas economias em previdência ficariam muito mais saudáveis.

■ COMECE COM AS GRANDES COISAS

Quero que imagine que está diante de uma pilha de entulho, de um lado, e de um grande pote de vidro, do outro. Você precisa encher o pote de sujeira e pedras, mas apenas colocando uma coisa de cada vez. (Por que está fazendo isso? Sei lá, é tipo arrumar aquelas plantinhas suculentas ou algo assim. Basta seguir a analogia.)

Agora, você pode pegar grãos de areia com as pontas dos dedos, um a um, e colocá-los no pote. Nele caberiam centenas de milhares de pequeninos grãos de areia. Mas você levaria milênios sangrentos para encher o pote até a boca.

Ou, você pode usar a cabeça e colocar primeiro as maiores pedras que conseguir encontrar. No pote que estou imaginando, você poderia encaixar, talvez, apenas três ou quatro dessas grandes pedras. Quando o pote estiver cheio de pedras grandes, aí sim você conseguirá espremer algumas pedras menores lá dentro. Talvez caibam umas vinte pedras. Então, é só ir diminuindo o tamanho das pedrinhas, espremendo-as aqui e ali, até finalmente preencher os espaços vazios com a areia fininha.

Qual método faz mais sentido para você? O Método 2, obviamente. Assim você consegue preencher o pote rapidinho.

Agora, imagine o seu orçamento como esse pote. As pedras? São as grandes despesas que ocupam, por si mesmas, provavelmente de 30 a 50% do seu orçamento. Sua casa e seu carro, e talvez a mensalidade da escola cara dos seus filhos. Depois, há pedras menores: as grandes exceções que surgem a cada poucos meses. Natal e feriados, conserto do encanamento e despesas médicas. Pedrinhas — seguros, taxas bancárias, assinaturas. E as areiazinhas? O cafezinho. O lanche comprado na rua. O delivery de comida.

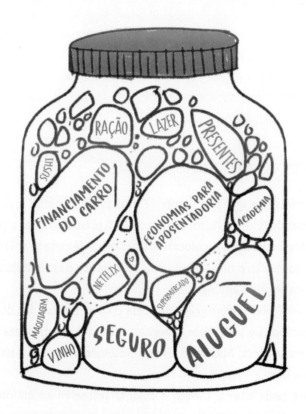

Continuando: se eu disser que você precisa abrir algum espaço no seu pote o mais rápido que puder, porque a sua vida depende disso, o que você faria? Você pode passar horas catando grãos de areia. Ou pode tirar logo uma pedrona. A escolha é sua.

Nesta seção, abordaremos nossos gastos na seguinte ordem:
- Gastos fixos (pedrinhas).
- Exceções (pedras menores).
- Gastos diários (grãos de areia).
- As grandes questões do estilo de vida (grandes pedras).

Por que as questões do estilo de vida por último, não em primeiro lugar? Porque é uma parte superdifícil e pode levar um tempo. Mas você pode pular todas as outras seções e ir direto para essa, se tiver coragem.

QUAL É O TAMANHO DAS SUAS PEDRAS?

Volte às suas categorias de gastos do capítulo 3. Some o quanto gastou com:
- Seus dois maiores itens de estilo de vida, como casa e carro.
- Principais exceções.
- Gastos fixos.
- Todos os outros gastos do dia a dia.

Calcule a porcentagem dos gastos gerais que cada categoria representa.

GASTOS FIXOS

■ PRIMEIRO, LIBERTE DINHEIRO

Quando você fala com a maioria das pessoas sobre orçamento, elas têm uma divisão muito clara entre necessidades e desejos. Se você se aprofundar no que a maioria das pessoas considera necessidades, aparecerão coisas assim:
- Aluguel/ financiamento.
- Água e luz.
- Assinaturas de TV e internet.

- Financiamento do carro.
- Celular.
- Taxas bancárias.
- Seguros.
- Mensalidade da academia.

E, claro, comida. São os andaimes chatos da sua vida. Essas despesas não trazem alegria por si só, mas você sentiria falta se perdesse algumas delas. Mas você paga essas contas todos os meses, o que aumenta os seus gastos, e muitas delas podem ser reduzidas ou canceladas, se você realmente parar para pensar. Você de fato frequenta a academia? *De verdade?*

Quando chamamos algo de necessidade, estamos deixando implícito: *Na verdade, não quero isso*. Temos essas coisas porque sentimos que devemos tê-las. E de onde vem esse sentimento de *obrigação*? De outras pessoas. De publicidade.

Agora, não estou dizendo que você não precisa de um telefone celular. O que estou dizendo é que é melhor fazer sacrifícios difíceis nessa categoria antes de começar a cortar coisas que realmente fazem você feliz. Estou dizendo que, se houver uma escolha entre reduzir o gasto com um iPhone 29S e com notificações holográficas e parar de sair para jantar, encorajo você a optar pelo Android mais barato possível.

**NÃO SE IMPORTE COM NADA,
EXCETO COM O QUE VOCÊ REALMENTE SE IMPORTA.**

▋ LISTE OS GASTOS FIXOS

Eu adoto um pequeno truque de comprar coisas todo ano, não todo mês. Na medida do possível, pense em seu orçamento anual. É útil ver *Uau, esse gasto semanal de dez reais custa quase quinhentos reais por ano* e se perguntar se vale mesmo a pena. Também ajuda a enxergar as coisas em uma perspectiva mais ampla. Não importa se você vive correndo atrás de promoções para economizar trinta centavos em detergente se, uma vez por ano, esbanja em uma viagem caríssima.

Você deve saber *automaticamente* quanto somam os seus gastos fixos por ano. A alegria de se cancelar uma assinatura é que algo que você faz uma só vez gera economia todo mês.

Você deve fazer o seguinte.

Vasculhe a sua planilha de gastos. Liste todos os seus gastos fixos e, ao lado deles, quanto soma cada coisa por ano. Para cada um, pergunte-se:
- Eu realmente preciso disso?
- Não seria melhor pagar por isso apenas quando vou usar?
- Dá para gastar menos com isso?

COMO CANCELAR UM DÉBITO AUTOMÁTICO

Débito automático é quando você autoriza uma empresa a retirar dinheiro automaticamente de sua conta bancária (em geral uma vez por mês). Infelizmente, você não pode apenas dizer ao seu banco para parar de permitir esses pagamentos, porque isso em geral viola os termos do contrato que você tem com a empresa. Não, você realmente precisa entrar em contato com a empresa e cancelar o seu contrato com ela. E precisa ligar para os insuportáveis centros de atendimento. Eles não facilitam a sua vida em nada. Mas, seja firme! Você é mais forte do que eles!

PARCELAMENTO DE CELULAR NÃO FAZ SENTIDO

Há um culpado principal da dívida de muitos jovens, que eles nem pensam como dívida. Provavelmente, está aí no seu bolso agora. Vamos falar sobre parcelamento de celular.

O parcelamento é uma forma estranha de dívida. Pode ser que você esteja pagando pelo aparelho ao longo de dois anos. Os valores dos pagamentos mensais podem parecer muito pequenos, então você acaba perdendo a noção do valor total. A maioria das pessoas, se quisesse comprar um telefone novo, olharia o preço de mil reais e pensaria: *Jesus, por que gastaria tanto dinheiro com um telefone?* Mas, se você não compraria à vista, por que usaria ainda mais dinheiro para pagar por dois anos?

Não estou dizendo que você não precisa de um telefone. Estamos no século XXI e o Twitter é uma necessidade, não um luxo. Estou dizendo que você não precisa de um telefone novo, muito menos de um telefone sofisticado. Será que a tecnologia *avançou tanto* nos últimos dois anos que a sua vida será mais completa se você tiver a melhor resolução de tela possível?

Economize e compre um celular à vista. Hoje em dia, você pode comprar celulares bem baratos (dê uma olhada nas marcas chinesas ou compre o modelo do ano passado). Depois, use um cartão SIM pré-pago ou contrate apenas o cartão, não o aparelho.

Se você já estiver preso em um parcelamento ou em um plano caro, pode ser que precise esperar acabar. No caso do plano, é possível negociar, mesmo quando cobram uma taxa de cancelamento exorbitante (pode valer a pena pagar de qualquer maneira — faça as contas). Empresas de telecomunicações são cobras venenosas. Que isso lhe fique de lição.

■ ENCONTRE UM SEGURO MAIS BARATO

Aqui vai um segredo para você. Toda seguradora tem um departamento de retenção. Essas pessoas têm o poder mágico de oferecer descontos se você ameaçar sair. Então, vá atrás de uma cotação competitiva de outra empresa. Em seguida, ligue para a sua companhia de seguros.

Aqui está um roteiro para você:

Olá. Gostaria de conversar sobre o preço do meu seguro com você. (A empresa x) está me oferecendo um plano semelhante por menos R$ xxx. Mas estou muito feliz com o serviço de vocês, então estou procurando um motivo para ficar. Eu tenho algumas perguntas para fazer.

Em seguida, pergunte se você poderia reduzir o preço do seguro por um dos seguintes motivos (se eles se aplicarem a você):

- Pode-se economizar dinheiro pagando antecipadamente o ano inteiro?
- Pode-se economizar dinheiro porque seu carro sofreu depreciação (agora vale menos do que quando você adquiriu o seguro)?
- Pode-se pagar menos porque você dirige menos de xxx km por mês?
- Pode-se pagar menos porque você se matriculou em um curso de direção defensiva? (Que deve ser superdivertido, aliás!)

- Pode-se economizar instalando um dispositivo rastreador ou algum outro tipo de dispositivo de segurança?
- Pode-se alterar a cobertura do valor de mercado para o valor contábil?
- Pode-se tirar complementos, como seguro de pneus, amassados, arranhões e reposição de para-brisas?

O que provavelmente vai acontecer é que eles oferecerão um desconto de qualquer maneira. Se for mais barato que a sua cotação do concorrente, vá em frente e fique (eba!). Se a cotação do concorrente for mais barata/ melhor, você pode telefonar para essa outra empresa e fazer as mesmas perguntas, dizendo a eles que sua empresa existente está tentando mantê-lo melhorando o acordo. Fazer esse pingue-pongue por telefone é irritante, mas vale a pena se alcançar um objetivo audacioso o quanto antes, certo?

Use essa técnica para, basicamente, qualquer assinatura que estiver pagando. As empresas querem manter os clientes e estão dispostas a negociar — mas, como a maioria das pessoas não negocia, acaba perdendo dinheiro.

Também é importante avaliar se você tem a quantidade e os tipos certos de seguros. Leia mais sobre isso na seção de seguros, mais para a frente neste mesmo capítulo.

■ OUTRAS TÉCNICAS PARA REDUÇÃO DE GASTOS FIXOS: UMA RÁPIDA RODADA BÔNUS!

- Luz/ água: descubra por que está gastando tanto e corrija os problemas. Pode valer a pena pagar um profissional para fazer uma manutenção. Como você está aprendendo a fazer com tudo, comece com grandes vitórias, como a possibilidade de instalar energia solar (veja se a longo prazo compensaria para você), em vez de se preocupar com coisinhas, como tirar os carregadores da tomada.
- TV digital: você provavelmente assiste a apenas alguns dos seus canais favoritos, certo? Troque para um serviço de streaming (bônus: menos publicidade!). Ou escolha um pacote mais barato.
- Internet: use um aplicativo para verificar a quantidade de dados que você realmente usa todos os meses e escolha um pacote de acordo

com isso. Bônus extra: pacotes limitados em geral têm velocidades mais rápidas.
- Academia: você realmente vai? De verdade? Se sim, então ótimo! Esse é provavelmente um investimento que vale a pena em sua saúde. Mas você já tentou correr/ caminhar/ nadar? Essas atividades são gratuitas (podem ser realizadas em piscinas comunitárias, ou, caso você more no litoral, pode nadar no mar), e você pode olhar para as árvores e não para o traseiro suado da pessoa que está puxando ferro à sua frente. Se estiver relutante em cancelar seu contrato de academia porque realmente tem a intenção de ir, basta não fazer planos anuais, mas sim mensais, trimestrais ou semestrais, até estabelecer de fato uma rotina.
- Assinaturas on-line: produtos de assinatura on-line como Spotify, Netflix e Google Drive oferecem planos familiares. Junte-se a alguns amigos em uma conta compartilhada, assim todo mundo economiza.

■ CALCULANDO QUANTO VOCÊ CORTOU

Encontrar maneiras inteligentes de economizar mais dinheiro pode se tornar um hobby por si só (ou talvez eu seja uma pessoa estranha). Você verá quanto economizou todos os meses ao ver o seu índice de gastos caindo.

Recompense-se por cortar essas contas, porque não é nada fácil. Aqui está a regra: quando você reduzir ou cancelar uma despesa mensal, aumente imediatamente o valor do seu investimento automático, ou o valor de redução da dívida, *mas apenas a partir do próximo mês*. Este mês, você sabe o que faz com a diferença? Coloque no seu Fundo da Farra e se dê de presente algo que você adora, como pagar uma pizza para os amigos!

LIDANDO COM EXCEÇÕES

Cortar todos os seus gastos mensais fixos não significará nada se você compensar a economia com uma voltinha de iate por Ibiza. Precisamos de uma maneira de lidar com essas enormes exceções que surgem algumas vezes por ano.

Muitas pessoas têm esse instinto de considerar os gastos fixos como se fossem separados dos gastos especiais. Vamos ser realistas, porém — todo mês é um mês *excepcional*. Em um mês o problema será o Natal, no próximo você não conseguirá resistir a uma promoção, no outro você irá a um festival com os amigos... Sempre haverá algo. Seu plano de gastos deve levar em consideração como você lida com as grandes despesas eventuais. Vamos diferenciar entre três tipos de gastos eventuais:

1. **Emergências.** Dinheiro que você não planejava gastar, mas agora você tem de fazer algo caro porque algo ruim aconteceu.
2. **Despesas planejadas.** Talvez *planejáveis* fosse uma palavra melhor, porque, se refletir sobre isso, poderá prever esses gastos. Coisas como Natal, mensalidades de escola/ faculdade, manutenção do carro, férias. Às vezes, isso é um gasto divertido e às vezes é algo chato e importante; não importa.
3. **Deslizes.** Sim. É quando você gasta muito dinheiro em algo que não planejou, não precisa e não pode pagar. Sem julgamento, amore. Todos nós já fizemos isso.

Precisamos de um plano para todos esses tipos de gastos.

LIDANDO COM EMERGÊNCIAS

Lidar com emergências será fácil quando você tiver seu fundo de emergência organizado. Mas você tem de prometer que vai usar esse fundo apenas para emergências. Emergências reais. Isso significa coisas que impossibilitam o trabalho ou coisas que colocam em risco você ou as pessoas que ama!

Exemplos de coisas para as quais você deve usar seu fundo de emergência

- A geladeira quebrou/ a privada entupiu.
- Despesas médicas/ despesas com saúde mental.
- Custos de funeral para alguém próximo.
- Seu carro quebra e você não pode ir para o trabalho sem ele.
- Despesas médicas do seu filho/ gato/ cachorro/ iguana/ plantinha amada.

- Você perdeu o emprego e precisa pagar as suas contas por uns meses.
- Empréstimo para amigo/ familiar, se for realmente uma emergência.
- Desastres naturais.
- Se precisar sair de um relacionamento terrível e seguir em frente por conta própria.
- Seu telefone é roubado (você pode comprar um novo barato com economias de emergência; se quiser um chique, terá de pagar com o dinheiro do seu Fundo da Farra).

*Exemplos de coisas para as quais você **não** deve usar seu fundo de emergência*

- Em promoções de passagens aéreas.
- Impostos/ conta de celular/ conta de água inesperada.
- Mensalidades de escola/ universidade (discuta a situação com a instituição e trace um plano de pagamento).
- Seus amigos vão viajar de férias, e é uma oportunidade única para você.
- É o aniversário do seu melhor amigo, e o pessoal quer comprar um presente gigante em nome do grupo, por muito mais do que você pode investir.
- É Natal, você não se planejou e precisa comprar presentes. (Não, este ano você confeccionará os presentes em casa.)
- Sua festa de casamento.
- Uma multa por excesso de velocidade.
- Entrada do pagamento de uma casa.
- Os ingressos para o show da banda que há anos você quer ver.

Não estou dizendo que você não pode gastar com essas coisas. Só estou dizendo: não use seu fundo de emergência nessas situações. Elas devem ser despesas planejadas, não emergências.

▎DESPESAS PLANEJADAS

O primeiro passo para controlar as despesas planejadas é... planejá-las. Você vai ganhar o hábito de fazer isso uma vez por mês na Grande Revisão

Mensal de Dinheiro. Na planilha ou no aplicativo, levará um minuto para percorrer os gastos e pensar em quaisquer despesas importantes que poderá ter nos próximos meses. Anote-as. Podem ser coisas divertidas, como férias, ou coisas entediantes, como a manutenção do carro.

O truque é começar a pensar nesse tipo de gasto eventual como parte do seu orçamento mensal normal e tentar suavizá-lo ao longo do ano. Digamos que você ainda tenha três meses até precisar gastar trezentos reais. O que você faz é planejar um orçamento com cem reais extras por mês e *deixar esse dinheiro em sua conta*, em vez de transferi-lo para o Fundo da Farra. Esse dinheiro pode ficar na sua conta até o mês em que você precisará gastá-lo.

Se está economizando para um gasto grande e bem distante (como uma festa de casamento ou a entrada de um apartamento), vale a pena investir esse dinheiro no fundo de metas especiais.

O gasto eventual também entra como gasto quando você calcula o seu índice de gastos.

ESPERE O INESPERADO!

Sente-se agorinha e anote três grandes despesas que você sabe que vão acontecer este ano. Revisão do carro? Férias? Mensalidades de escola? Adicione essas despesas ao seu painel e calcule quanto você precisa reservar para elas nos próximos meses.

Parcele esses gastos. Portanto, se você sabe que o aniversário de alguém muito querido está a seis salários de distância, e você em geral gasta quinhentos reais nessa época, deixe 84 reais todo mês na sua conta em vez de ter de gastar tudo de uma vez.

Categoria	Média de 4 meses	Jul. 2020	Ago. 2020	Set. 2020	Out. 2020
Despesas grandes	146	154	134	149	146
Viagem para o Japão	50	50	50	50	50
Aniversário	84	84	84	84	84
Gastos inesperados	15	20		15	12

■ DESLIZES

O.k.: às vezes você vai mesmo gastar uma dinheirama com alguma besteira que nem precisava. É como entrar no modo Kamikaze do Dinheiro: às vezes não dá para se controlar. Tudo bem. Que atire a primeira pedra quem nunca passou por isso.

Perdoe-se. Está feito. Agora, concentre-se em corrigir o deslize.

Faça o seguinte:

- Dá para desfazer a compra? A empresa vai reembolsar? Você pode revender o que já comprou para recuperar parte do gasto?
- Entenda por que isso aconteceu. Que emoção levou a essa compra? O que você pode fazer no futuro para garantir que isso não aconteça novamente?
- Se não puder desfazer a compra (ou, na verdade, simplesmente não desejar), sacrifique os seus gastos antes de sacrificar as economias. Agora você está no modo de bloqueio de emergência até voltar aos trilhos. Isso pode significar o cancelamento de programas cotidianos até o fim do mês e a sobrevivência à base de espaguete. Também pode significar tentar ganhar algum dinheiro extra com o seu ganha-pão paralelo.

Você precisa se esforçar muito para não tirar dinheiro de suas economias só porque isso aconteceu. Seja firme e recupere-se do deslize, sem que isso atrapalhe a sua liberdade financeira.

O FLUXO DO "CARAMBA, PRECISO DE DINHEIRO RÁPIDO"

O.k., mas o que acontece se surgir uma emergência e você não tiver o fundo de emergência ainda?

A seguir está um fluxograma, das melhores opções às piores.

Evite a despesa.
Existe alguma maneira de eu passar sem isso?
Posso pegar emprestado de alguém ou dividir com alguém?

Reduza a despesa.
Talvez você precise engolir seu orgulho, mas muitas empresas são surpreendentemente favoráveis à negociação das condições de pagamento. Se não puder pagar por algo, tente perguntar ao credor se você pode pagar em parcelas mensais ou ganhar um desconto.

Ganhe dinheiro extra.
Você pode fazer um turno extra no seu emprego ou cuidar dos seus sobrinhos por uma graninha?

Vender algo para cobrir o custo.
Isso se aplica a roupas, eletrônicos, o que você tiver.

Peça dinheiro emprestado a um amigo ou familiar.
Anote, por escrito, um acordo simples sobre quando e quanto você os pagará.

Reivindicar junto ao seu seguro.
Verifique as suas apólices de seguro para ver se alguma delas pode cobrir esse custo.

Fazer um empréstimo com garantia.
Se você ou alguém próximo a você tiver um imóvel, é possível emprestar dinheiro com a casa como garantia. Essa dívida é muito mais barata do que a dívida sem garantia. Se os seus pais tiverem um imóvel e você tiver a segurança de que poderá pagá-los em breve, peça-lhes que façam o empréstimo e pague a eles com os juros cobrados pelo banco.

Cartão de crédito ou empréstimo consignado
Peça algumas opções antes de se comprometer e encontre a maneira mais barata de obter dinheiro possível. Se você já possui um cartão de crédito, pode ser necessário usá-lo (lembrando-se de que, dependendo do dia em que usar o cartão, talvez você nem precise pagar juros), mas compare-o com as taxas de um empréstimo consignado — caso a sua empresa tenha essa opção, recorra a ela, pois o consignado costuma ter os juros mais baratos do mercado.

Somente então, como último recurso, você deve procurar uma empresa de soluções financeiras ou um banco e comparar os juros dos empréstimos pessoais. Mais uma vez, compare e encontre o mais barato que puder, mas só leve em consideração empresas respeitáveis, com menor probabilidade de enviarem alguém para cortar as suas pernas caso você não consiga pagar em dia.

GASTOS DO DIA A DIA

▋ ORÇAMENTO NÃO FUNCIONA

Eis como imagino que a vida seja para pessoas que seguem orçamento.

Eu: Que lindo dia ensolarado, vamos tomar sorvete e passar a tarde toda inventando passinhos para "The thong song", aquele clássico de 1999 do Sisqó!

Pessoa séria com orçamento: Não, obrigado, minha senhora. Já esvaziei o meu orçamento de Sorvetes e Diversões para este mês, por isso voltarei ao meu apartamento minimalista, onde contemplarei os pontos mais delicados da política fiscal do país e, depois, farei algumas planilhas do Excel por diversão. Bom dia e passar bem.

Orçamento para o dia a dia não funciona porque você não é um planejador perfeitamente racional de longo prazo que finge ser. Você é alguém primitivo com roupas.

Ouça-me aqui. Seu cérebro não evoluiu para lidar com as complexidades de viver em uma cidade onde, a qualquer momento, existem seis bilhões de coisas divertidas para fazer, um suprimento infinito de comida para comer e episódios de *RuPaul's Drag Race* para assistir só porque, num futuro vago e hipotético, você possa estar falido/ obeso/ desempregado. Seu cérebro evoluiu para ajudá-lo a encontrar frutinhas e fazer sexo com outras pessoas, não para resistir às inúmeras tentações da vida moderna.

A verdade é que é ridículo esperar que algum sistema em que você diga *O.k., cérebro, eu vou desfilar mil marshmallows deliciosos na sua frente, e você vai ter de resistir a todos eles* de fato funcione. É um sistema burro. E você precisa entender que o seu cérebro é primitivo e ser gentil com ele. Trabalhe dentro das limitações dele, não para combatê-las.

▋ PACTOS DE ULISSES

Deixe eu contar uma história. Era uma vez um cara chamado Ulisses que teve de navegar por uma ilha habitada por mulheres aladas chamadas

Sereias. Mas, tipo, mulheres aladas bem sexy. (Pare de fazer essa cara, deixe as pessoas amarem quem elas amam.) Ele sabia que, quando passasse pela ilha, elas o seduziriam com o seu sensual canto de pássaro. Sempre imagino um cruzamento de "Physical", da Olivia Newton-John, com Sisqó.

Mas a música sexy delas era, na verdade, apenas uma manobra para atraí-lo para a ilha, onde seu navio colidiria contra as rochas e os esqueletos da tripulação se juntariam às pilhas intermináveis de mortos que as cercavam. Agora ficou menos sexy.

Pois, então, será que Ulisses ficou ali sentado e prometeu a si mesmo que seria bem bonzinho e resistiria ao canto das sereias? CLARO QUE NÃO! Ulisses entendeu que ele era um ser primitivo e burro e que o futuro Ulisses não era confiável. Ele convenceu seus marinheiros a enfiar cera em seus ouvidos e mandou amarrá-lo ao mastro de seu navio enquanto passavam pela ilha.

Em vez de um orçamento, você precisa é de cera e um pouco de corda. Ou o equivalente a isso em dinheiro.

ESQUEÇA ORÇAMENTO — TENTE ENVELOPES

Como você é alguém muito inteligente que investiu dinheiro no começo do mês (você se pagou primeiro), lidar com os gastos do dia a dia será muito mais fácil do que pensa.

Abra uma segunda conta bancária. Este é o seu Fundo da Farra. O que eu quero que você faça:

- No dia do pagamento (o mesmo da Grande Revisão Mensal de Dinheiro), sente-se e calcule quanto dinheiro você pode gastar com segurança este mês, excluindo suas economias e todas as contas importantes. É fácil resolver isso agora, porque você tem os dados do seu aplicativo bacanérrimo e nem precisa ter muito trabalho. Esse valor é o seu Fundo da Farra do mês.
- Divida esse dinheiro em quatro (ou cinco, se for um daqueles loooongos meses). Transfira um quarto (ou um quinto) para o seu Fundo da Farra.
- Gaste o Fundo da Farra. Oba!

- Uma semana depois, transfira mais um quarto para o seu Fundo da Farra.
- Repita.

Aqui está a beleza desse sisteminha simples: agora você pode usar esse dinheiro para curtir. Você tem permissão para gastá-lo. Até pensar em maneiras divertidas de como gastá-lo! Também serve para você comprar mantimentos, gasolina, roupas ou algo assim. Mas, seja lá o que você for gastar, não precisa ter culpa, porque todo o seu dinheiro de pessoa responsável está investido com segurança. Você pode gastar esse dinheiro, porque é para isso que serve.

Há apenas uma regra muito importante que faz com que esse sistema funcione: quando você não tiver dinheiro suficiente, está sem dinheiro suficiente. Se isso significa sobreviver à base de enlatados do fundo do armário por três dias, que assim seja. Você nunca ficará sem dinheiro por mais de sete dias de cada vez com esse sistema, então cresça, pare de manha, e vamos lá.

Pare de se sentir tão culpado pelo fato de não conseguir cumprir um orçamento. Entenda o seu cérebro. Ajude-o. Amarre-o a um mastro e enfie cera nos ouvidos.

■ TORNE SEU DINHEIRO CONCRETO

Se você ainda está lutando para passar a semana sem recorrer às lixeiras do McDonald's, mesmo com o seu novo e muito atraente Fundo da Farra, tente sacar o dinheiro do mês. Esconda 3/4 dele em algum lugar seguro da casa e coloque o dinheiro da semana na carteira.

Parece idiota, né? Afinal, os humanos inventaram coisas bonitas, como bancos on-line e caixas eletrônicos, por um motivo. Mas o problema é que você tem um cérebro primitivo, não o cérebro de um computador. Quando você realmente precisa contar e entregar fisicamente pedaços de papel para comprar as coisas que deseja, parece muito mais real do que passar um cartão. Você vê a mudança na sua carteira quando tinha cinquenta reais e gastou quarenta, e agora resta apenas um pedaço de papel.

Percebo que volto ao envelope em dinheiro sempre que estou no modo de bloqueio de emergência. Se nunca fez isso antes, experimente por um mês e ficará surpreso com o que vai aprender sobre os seus gastos. Nada faz seu orçamento parecer tão real quanto dinheiro em espécie.

■ FAÇA UMA REINICIALIZAÇÃO COMPLETA

O.k., pronto para um desafio de nível profissional? Aqui está um jogo que eu faço comigo mesma a cada dois anos. É chamado de *desafio de trinta dias sem gastar*. Eu não vou mentir, cara. É difícil pra cacete. E não tenho certeza se realmente vale a pena, a não ser pelo fato de que você vai sentir que realmente precisa redefinir os seus hábitos de consumo.

As regras do jogo são: dê uma olhada no seu rastreador de gastos para ver quanto gasta, em média, com todos os seus gastos cotidianos por mês (não são os seus gastos fixos, mas os do dia a dia). Separe uma parte desse dinheiro (costumo trabalhar com 1/3) em dinheiro vivo. Coloque num pote em casa. Em um pedaço de papel, desenhe um calendário dos próximos trinta dias.

Agora, em todos os dias que você não gastar em *absolutamente nada* do dia a dia, marque um X. Você pode usar o dinheiro do pote para comprar, por exemplo, verduras frescas e leite, mas deve tentar não ficar sem esse dinheiro antes que os trinta dias terminem.

Este pode ser um teste real de sua criatividade. É a chance de experimentar todos os enlatados estranhos que você acumulou na despensa ao longo dos anos. Uma oportunidade para você fazer amizade com os vizinhos se precisar pedir uma carona para ir ao trabalho todas as manhãs. (Abastecer o carro conta como gasto cotidiano!) Um desafio para redescobrir as suas habilidades na arte de incrementar um macarrão no dia do aniversário do amigo. É melhor fazer esse jogo no inverno, assim você não entra na sofrência de imaginar os seus amigos se divertindo por aí enquanto você mofa em casa.

Você está a fim? Compartilhe suas experiências com a hashtag #nospendchallenge (que significa "desafio sem gastar"). Vou torcer por você, migo, seu louco.

ENFRENTANDO OS HÁBITOS

Pensa que está no controle das suas decisões? HAHÁ! Na metade do tempo, você nem percebe que está tomando decisões.

Deixe-me fazer uma pergunta: o que você fez durante a primeira hora depois de acordar ontem de manhã? Cambaleou para fora da cama e foi ao banheiro para o primeiro xixi do dia? Fez café? Deu uma espiada no Instagram se perguntando por que todos os seus amigos têm vidas mais interessantes do que a sua? Planejou fazer todas essas coisas? Você consegue se lembrar do que fez?

Por 90% da nossa vida, estamos no piloto automático. Nossos cérebros estão respondendo a pistas ao nosso redor e executando hábitos como uma máquina. Alguns desses hábitos envolvem gastar dinheiro com coisas que nem nos fazem verdadeiramente felizes. Estamos apenas deixando alguém mais rico à custa de nossa própria pilha de possíveis economias. Talvez você esteja deixando a cafeteria do outro lado da rua do seu escritório mais rica. Ou o homem que te vende cigarros. Ou a Coca-Cola. Os hábitos funcionam em um pequeno ciclo:

- O gatilho — isto é o que faz disparar o hábito, o que faz o seu cérebro inconscientemente desejar uma recompensa. Exemplos: passar pela cantina da empresa ou abrir o e-mail da loja de roupas.
- O hábito — a ação que você toma.
- A recompensa — o pico de dopamina que você recebe da nicotina em seu sistema, da sua sede saciada etc.

Parar um hábito é difícil. Nem tente se esforçar para sair dele. No lugar disso, tente **substitiuir** hábitos. Como fazer isso? Primeiro, use um tempo entendendo qual é o seu ciclo de gatilho, hábito e recompensa. Mantenha um diário por alguns dias. Toda vez que você fizer a coisa, anote onde estava e como estava se sentindo antes, durante e depois da coisa. Tente se perguntar qual recompensa você realmente deseja — se você toma um café todas as tardes com o seu amigo, talvez a recompensa seja o tempo que você passa com ele, não o café em si.

Depois de entender seu ciclo de gatilho, hábito e recompensa, você tem algumas opções:

- Evite o gatilho, se é algo que der para evitar.
- Quando o gatilho o ativar, substitua o hábito por um hábito diferente que tenha uma recompensa semelhante. Por exemplo, em vez de comprar café com o amigo, faça uma pequena caminhada pelo quarteirão com ele, ou tragam o café na garrafa térmica.

Os hábitos são profundamente psicológicos, e você precisa de uma introspecção bastante profunda para enfrentá-los. Alguns anos atrás, percebi que, a cada poucos meses, eu comprava roupas das quais não precisava. Quando passei algum tempo me observando, percebi que fazia isso sempre que me sentia pouco atraente — esse era o meu gatilho. A recompensa era me sentir mais no controle do meu corpo, porque eu ficava com uma aparência melhor com as roupas novas. Em vez de tentar nunca me sentir pouco atraente, o que é difícil, substituí o hábito por coisas que me dão a mesma recompensa e que são realmente saudáveis: quando me sinto feia, faço exercício. Depois de entender seus gatilhos e a verdadeira fonte emocional dos seus desejos, mudar seus hábitos fica muito mais fácil.

EXCLUINDO A PUBLICIDADE DA SUA VIDA

A publicidade existe para fazer você pensar que precisa de coisas de que você não precisava até ver o anúncio. E os anúncios só trazem tristeza e pobreza. Corte essa merda da sua vida.

Instale um bloqueador de anúncios no navegador da web (incluindo o do seu celular). Cancele a inscrição nos e-mails de marketing (não, você não está economizando dinheiro com promoções; está gastando dinheiro que não gastaria — estão roubando seus sonhos). Encontre maneiras de evitar publicidade na TV e no rádio (mudei para serviços de streaming sem anúncios). Os shopping são como outdoors pelos quais você circula, portanto passe longe. Nunca compre revistas: elas são literalmente enormes pilhas de anúncios reluzentes que fazem você pagar pelo prazer de receber publicidade. Livre-se dessa merda. Exclua a conta do Pinterest — é apenas uma coleção mais sofisticada de anúncios de revista que não termina nunca.

Proteja a sua mente para que não seja preenchida com os sonhos de outra pessoa.

E se os anúncios quase pegarem você — você adicionou as coisas bonitas ao carrinho de compras e está prestes a fazer o check-out — espere antes de finalizar a compra. Diga a si mesmo que, se você ainda quiser a coisa em uma semana ou em um mês, poderá comprar. Espere ao menos 24 horas. Na maioria das vezes, você acaba esquecendo.

▍PROGRAMAS DE FIDELIDADE

Tenho um ódio específico de programas de fidelidade. Eles incentivam o pior dos nossos hábitos de *contabilidade mental*. Pense nisso: você gasta no supermercado só para ganhar selinhos, ou apenas compra coisas que compraria de qualquer maneira? Aff. É como se o jogo e a publicidade tivessem um bebê, e esse bebê quisesse te viciar em crack.

Não me peça para dizer como otimizar seus pontos não-sei-das-quantas. Não faço ideia. Gaste apenas parte do tempo que você gasta para descobrir como tirar proveito desses programas de fidelidade para reduzir 1% de suas taxas de investimento e me diga qual tem o maior impacto a longo prazo na sua vida.

▍AGRADEÇA PELO QUE VOCÊ TEM

Nada o ajudará a gastar melhor do que usar seu tempo cultivando a felicidade. Compramos coisas para preencher buracos em nossos corações. Esperamos que comprar coisas nos torne mais amáveis, bem-sucedidos ou invejados. A melhor maneira de fazer isso é eliminar o intermediário e apenas trabalhar para nos sentirmos bem com quem somos. Uma das técnicas para se fazer isso, que é a mais validada pelas montanhas de pesquisas científicas, é tão simples que parece bobagem: ao final de cada dia, escreva três coisas pelas quais você é grato. Sim, eu sei, é brega de doer, mas funciona.

Você já possui um monte de coisas. Quando comprou essas coisas, você pensou que isso faria você mais feliz. Passe mais tempo cuidando do que já possui. Limpe, organize. Seja grato por isso. Antes de comprar roupas novas, passe pelo seu armário, toque e vista todas as roupas que você já tem. Antes de comprar livros novos, leia os livros que já possui e que ainda não leu. Sua vida já está abundantemente cheia.

▌ PÃES-DUROS SÃO TRISTES

Saiba com o que você não se importa de gastar, aquilo com que nunca vai parar de gastar. Para mim, são livros e presentes para as pessoas. Se essas coisas trazem alegria e de fato tornam a sua vida mais rica, pelo amor de todos os anjos, meu filho, pare de se preocupar e aproveite o dinheiro para o dia a dia. É chamado de Fundo da Farra por um motivo. Se você cuidou das grandes pedras do pote, divirta-se jogando pequenos e felizes grãos de areia, caramba.

LAR, CARO LAR

Esta seção é sobre as duas pedras grandes bem no centro do seu pote. As maiores despesas do seu orçamento: onde você mora e como você se desloca. É aqui que a porca torce o rabo. Pense na cidade em que você vive. No tamanho da sua casa. Se você realmente precisa de um carro. Se está realmente vivendo de acordo com os seus ganhos.

Vamos falar sobre a maior linha do seu orçamento (provavelmente): seus custos com moradia.

▌ O QUE COMPRAR UMA CASA SIGNIFICA PARA SUAS FINANÇAS

As pessoas dizem uma infinidade de coisas sobre ser proprietário de um imóvel. Por exemplo:

É melhor comprar logo uma casa, pois depois pode ficar mais difícil.

A menos que você seja o proprietário de sua casa, está apenas pagando o financiamento de outra pessoa! Você está jogando dinheiro fora, porque poderia gastar o mesmo que está gastando com aluguel, mas conquistando um bem ao mesmo tempo.

Já ouviu essas declarações, certo? Bem, tenho uma novidade para você: são simplificações enormes de uma pergunta muito complicada. Na verdade, para algumas pessoas, não comprar uma casa pode ser uma das decisões mais inteligentes que já fizeram. Depende muito das circunstâncias específicas de onde você quer morar, quanto dinheiro tem para economizar, taxas de juros, impostos e situação do mercado imobiliário.

Aperte o cinto, amigo. Vamos dar uma voltinha.

Financiar uma casa: argumentos favoráveis

Pessoa a favor de ser proprietário de um imóvel, considere o seguinte: você precisa morar em algum lugar, pagando parte da sua renda todos os meses para arcar com custos de moradia. Você também pode transformar parte desse dinheiro em um bem que será seu um dia. Você usa a sua comprovação de renda para obter um financiamento junto ao banco. Ao final de um longo, longo período (geralmente 25 ou 30 anos), você vira dono daquela casa. A maioria das casas aumenta de valor no longo prazo; quando você vender a sua, obterá lucro.

Em algum momento, quando você se aposentar, provavelmente precisará usar parte desse dinheiro para comprar um lar, provavelmente menor, e aí também poderá aproveitar o lucro restante para se sustentar na velhice.

Bônus: você está usando principalmente o dinheiro do banco para obter lucro. Apenas uma parte é sua (o dinheiro que você paga com juros, possíveis reparos, impostos e assim por diante). Isso se chama *alavancagem*: investir usando dinheiro emprestado. Também significa que você pode investir em um imóvel maior e, potencialmente, obter lucros muito maiores do que conseguiria sem um financiamento.

Além disso: na pior das hipóteses, quando se é dono de uma casa, ao menos você sempre terá um lugar para morar.

A melhor coisa da compra de um imóvel é forçar-se a economizar. Se você tentou fazer a economia automática, mas descobriu que não consegue cumpri-la, financiar uma casa pode ser a melhor opção para você. Pode ser fácil convencer-se a pular as economias por alguns meses, mas a maioria das pessoas não pulará o pagamento de um financiamento por alguns meses porque sabe que o banco irá a isso.

E, mesmo que a sua casa nunca te dê muito lucro, *você pode economizar muito em custos de moradia.* Se o preço da habitação subir, o seu financiamento pode ir ficando mais e mais barato em comparação — você estará pagando algo parecido com que pagavam há dez anos. Eba!

Mas atenção: é preciso considerar também que, no Brasil, os juros de financiamento de imóveis são extremamente altos. **Então, analise muito bem as condições do financiamento em que você cogita embarcar porque, de maneira geral, se você não tiver condições de comprar um imóvel à vista ou negociar uma ótima taxa de juros, é provavelmente melhor ficar no aluguel por enquanto.**

Financiar uma casa: argumentos contrários

As pessoas, em geral, ficam surpresas quando digo que não quero comprar uma casa, porque é muito arriscado para o meu gosto. Prefiro investir em algo menos arriscado, como o mercado de ações.

Já viu a versão britânica do jogo Banco Imobiliário, de oitenta anos atrás? É uma experiência divertida. Angel Islington costumava ser uma das áreas mais baratas do tabuleiro. Tente comprar um imóvel lá agora, e vai conseguir no máximo uma lata enferrujada ao lado de um bueiro.

Esse é um dos principais problemas com a compra de uma casa: você está investindo uma grande parte do seu capital em um único bem, sem diversificar. Você pode até dar sorte — o bairro pode valorizar e, lá na frente, você pode acabar ganhando uma fortuna ao vender o imóvel. Mas também pode dar azar e acabar com uma pilha de tijolos encalhada, valendo menos do que o que você pagou. Você está colocando todos os seus ovos em uma cesta só. Localização é tudo quando se trata de imóveis. E isso não está sob o seu controle.

Você também pode estar se superexpondo ao *risco-país*. Digamos — Deus nos livre — que a economia quebre. Afunde de vez. Que o Real não valha mais nada. De repente, sua casa não vale mais nada, porque ninguém conseguiria comprar. Mas você também não tem mais emprego, porque a empresa em que trabalhava mudou sua sede para outro país. Nem seu parceiro, nem seus pais. E suas economias não valem nada, porque estavam em reais. Tudo dá errado ao mesmo tempo, pelo mesmo motivo, porque todo o seu risco está concentrado em um único local. Se, em vez de ter comprado o imóvel, tivesse investido em um portfólio global de ações, você estaria bem.

Esse é um exemplo extremo, mas, mesmo em circunstâncias menos terríveis, você ainda está à mercê de forças externas que não pode controlar. Sempre que o Banco Central altera as taxas de juros, o seu financiamento pode ser alterado. O mercado pode esfriar e, em um momento em que você precise muito de dinheiro, o imóvel pode levar anos até você conseguir vendê-lo.

Comprar e vender um imóvel custa uma dinheirama. Tanto que, se você sabe que acabará se mudando nos próximos sete anos ou menos, é possível que não valha a pena comprar.

A compra de uma casa afeta todas as decisões que você venha a tomar na próxima década. Pode significar que não poderá aceitar um novo emprego incrível, ou se mudar para Nova York. Mudar é muito caro, ainda mais quando se tem uma casa e se sente mais emocionalmente ligado ao lugar por ser proprietário. Se a compra de uma casa diminuir a probabilidade de você conseguir empregos melhores, o impacto que isso terá na riqueza da sua vida é enorme. E, se você quiser vender sua casa, poderá levar meses (ou até anos) para conseguir.

No longo prazo, o investimento em ações superou muito o investimento em propriedades.[34] Portanto, há um custo de oportunidade a se considerar: cada centavo que você coloca em sua casa é um centavo não investido em ações. E esse custo de oportunidade começa muito antes de você conseguir, de fato, ser dono do imóvel.

Como as casas se tornaram cada vez mais caras em comparação com os salários médios, hoje em dia demora-se muito mais do que antes para juntar o valor da entrada. Algumas pessoas têm a sorte de ter pais que podem ajudar com a entrada ou com o financiamento. Mas não somos todos tão sortudos, e aqueles de nós que não têm tanta sorte terão de abandonar muitas noites divertidas em troca dessas economias. No Brasil, a entrada do imóvel é de cerca de 30% do valor total.

Então... comprar ou não comprar?

Agora, é verdade que, se você alugar, estará apenas pagando o financiamento de outra pessoa. Mas, se comprar, estará pagando ao banco para lhe emprestar uma tonelada de dinheiro com juros altíssimos. E estará apostando em um único investimento que é muito difícil de vender com pressa. Nenhuma das estratégias é uma vitória clara.

Existem algumas variáveis importantíssimas que podem inclinar a balança de uma maneira ou de outra na questão da compra de um imóvel no seu caso específico.

- Em algumas cidades, comprar pode ser mais barato que alugar e, em outras, é o contrário. Faça a lição de casa e pesquise sobre a área em que deseja morar, levando em consideração o valor dos imóveis por lá.
- Se você sabe que é provável que se mude na próxima década, comprar uma casa pode realmente te fazer perder dinheiro.

---

34 Há períodos em que ocorre o contrário, mas, considerando um longo período de tempo, as ações sempre se saem melhor.

Não há uma resposta fácil para essa pergunta, e você precisará fazer as contas considerando as suas circunstâncias específicas. Mas, se você estiver em dúvida, não se preocupe, porque os passos para se preparar para comprar uma casa são praticamente os mesmos que os passos para se preparar para construir riqueza por meio do investimento. Eba! Então você pode tomar a decisão ao longo do caminho.

COMO COMPRAR UM IMÓVEL

Etapa 1: Prepare-se (sugestão: música d'*O Rei Leão* ao fundo)

Alguns anos antes de comprar a sua casa, você precisa trabalhar para colocar sua vida financeira em ordem. Quanto melhor estiverem suas finanças, maiores são as chances de você obter um financiamento com boa taxa de juros. Antes de começar a economizar para comprar um imóvel, verifique se:

1. Já criou um Fundo "Eita, Ferrou".
2. Saiu das dívidas (incluindo financiamento de carro, se tiver um).
3. Começou a economizar para a aposentadoria.

Você também deve ficar de olho no seu *score de crédito* e fazer o que for necessário para torná-lo o mais alto possível.

Feito tudo isso? Reduza o seu índice de gastos e *comece a economizar para pagar a entrada*. Procure financiamentos mais baratos que ajudem compradores iniciantes ou programas de habitação do governo oferecidos pela Caixa. Com esse tipo de financiamento, você pode estar mais perto de economizar para uma entrada do que imagina.

No geral, você terá de economizar para pagar 30% do valor total do imóvel. Quanto mais, melhor, mesmo que isso signifique atrasar a compra da sua casa em alguns anos. Quanto maior a entrada, menos você pagará em juros ao longo dos anos. Você se agradecerá por isso no longo prazo.

Se trabalha por conta própria, a maioria dos credores analisará os seus lucros dos últimos anos. Provavelmente vale a pena sentar-se com um contador para falar sobre a melhor maneira de estruturar suas finanças. Obter um bom lucro é bom para os credores, mas também vai custar mais dinheiro em impostos. Você terá de fazer escolhas cuidadosas.

Pense seriamente na possibilidade de comprar com um amigo ou parceiro (caso confie muito neles). Será mais acessível, além de poder dividir a louça para lavar.

Etapa 2: Hora da matemática!

Antes de começar a ver casas on-line e sonhar com elas, calcule o que pode pagar. Aqui está uma regra simples: idealmente, seus custos mensais de moradia devem estar entre 20 e 30% da sua renda bruta. Sim, mesmo se você morar em uma cidade grande, onde parece que não dá para comprar nem um cafezinho por menos de 1 milhão de reais.

Pegue a sua renda bruta (os seus ganhos antes de dedução dos impostos) e multiplique por 0,2 e 0,3 (se você estiver comprando a casa com outra pessoa, combine as duas rendas). Essa é a faixa de quanto você deve gastar todos os meses em pagamentos de empréstimos à habitação.

ACESSIBILIDADE NA COMPRA DO IMÓVEL				
PARA O CÁLCULO, SOME A RENDA FAMILIAR				
Renda bruta	Custos mínimos de moradia	Custos máximos de moradia	Valor mínimo do imóvel	Valor máximo do imóvel
R$ 1.500,00	R$ 300,00	R$ 450,00	R$ 84.536,00	R$ 119.850,00
R$ 2.000,00	R$ 400,00	R$ 600,00	R$ 112.715,00	R$ 159.800,00
R$ 2.500,00	R$ 500,00	R$ 750,00	R$ 140.894,00	R$ 199.750,00
R$ 3.000,00	R$ 600,00	R$ 900,00	R$ 169.072,00	R$ 239.700,00
R$ 3.500,00	R$ 700,00	R$ 1.050,00	R$ 197.251,00	R$ 279.650,00
R$ 4.000,00	R$ 800,00	R$ 1.200,00	R$ 225.430,00	R$ 319.600,00
R$ 4.500,00	R$ 900,00	R$ 1.350,00	R$ 253.608,00	R$ 359.550,00
R$ 5.000,00	R$ 1.000,00	R$ 1.500,00	R$ 281.787,00	R$ 399.500,00
R$7.000,00	R$ 1.400,00	R$ 2.100,00	R$ 394.502,00	R$ 559.300,00
R$10.000,00	R$ 2.000,00	R$ 3.000,00	R$ 563.573,00	R$ 799.000,00
R$15.000,00	R$ 3.000,00	R$ 4.500,00	R$ 845.360,00	R$ 1.198.500,00

Nota: Valores calculados já considerando uma entrada de 30% com relação ao valor total do imóvel.

Pessoas inteligentes olham para as casas no limite mais baixo de sua faixa de preço, ou mesmo abaixo dela. Quanto menos você conseguir gastar em sua casa, menos está concentrando o seu risco em um único bem. É preferível comprar **a casa mais modesta em que você possa ser feliz e investir a diferença do que colocar todos os seus ovos financeiros em uma cesta só.**

O custo da casa também não é a única coisa que você deve orçar. Comprar uma casa é muito caro, por causa dos impostos e do custo da escritura. Depois que for o proprietário, descobrirá ainda mais custos ocultos, como impostos municipais e exorcistas para tirar espíritos malignos do sótão.

Solicite uma pré-aprovação para um financiamento no seu banco antes de começar a procurar o imóvel, assim a operação será mais rápida caso encontre um lugar de que realmente goste.

Etapa 3: Encontre um lugar

Agora vem a parte divertida, em que você encontra uma casa/ apartamento/ castelo/ fazenda/ ilha onde deseja morar.

Você provavelmente terá de lidar com corretores. Eles podem dar alguns péssimos conselhos, pensando *nos interesses deles, não nos seus*, e sugerir que você compre a casa mais extravagante que puder só para eles terem uma comissão mais alta. Não, você não é um peixinho-dourado em um aquário gigante. A menos que planeje ter mais filhos do que tem atualmente nos próximos anos, mantenha a linha e lembre-se do seu orçamento.

Lembre-se, também, de que você deve ver o imóvel como um investimento e também como um lugar onde você vai morar. Então, sim, solte gritinhos ao ver aquela porta vintage, uma passagem secreta atrás da estante, ou qualquer coisa do tipo, mas também veja relatórios da flutuação de preços das casas na área em que você está pensando em comprar ao longo do tempo. *A localização é a maior parte do valor de um imóvel*, portanto, pesquise bastante para encontrar uma boa área para comprar. É mais importante que você compre na área certa do que comprar a casa/ o apartamento certo nessa área.

Se estiver pensando grande, considere conseguir um lugar com uma edícula ou quartos extras. Você pode reformá-los e alugá-los para cobrir ao menos parte do seu financiamento.

Etapa 4: Feche o negócio

Certo, então você encontrou uma casinha charmosa ótima e no bairro certo. O que acontece agora?

Negocie o preço com o vendedor. Em seguida, envie uma oferta. Finalmente, volte ao banco e finalize o seu financiamento. Obtenha o melhor negócio possível. Lealdade não significa nada nesse jogo, meu filho.

O corretor deve ajudá-lo nas próximas etapas, como fazer a escritura e registrar o imóvel no cartório. NEM RECLAME DA BUROCRACIA. FOI VOCÊ QUE DECIDIU COMPRAR UM IMÓVEL.

Uma das grandes decisões que você precisa tomar financeiramente é optar por uma taxa de juros variável ou fixa no financiamento. Com a taxa variável, é possível que pague menos juros. Mas *você precisa ter certeza de que realmente poderá pagar as parcelas*, mesmo que os pagamentos mensais subam um pouco por mês. Por isso, você foi inteligente e encontrou uma casa que custa menos de 30% de sua renda bruta, certo?

Quando temos um financiamento, as parcelas são compostas por amortização (principal) + juros. A amortização é o que reduz efetivamente o saldo devedor. Por exemplo, suponhamos que você tenha uma parcela de R$ 500,00 (da qual R$ 300,00 correspondem à amortização e R$ 200,00 são juros). A cada pagamento efetuado, R$ 300,00 são abatidos da dívida, e R$ 200,00 são remuneração ao banco pelo empréstimo. Portanto, quanto maior for o valor da amortização, melhor para você, pois a dívida poderá ser abatida mais rapidamente.

No Brasil, existem dois sistemas de amortização de financiamentos a longo prazo: o SAC (Sistema de Amortização Constante) e a tabela Price, também conhecida como SAF (Sistema de Amortização Francês). No SAC, o valor que será amortizado da dívida em cada parcela é sempre igual, e as parcelas são decrescentes. Assim, se o valor de amortização é constante, a cada mês o saldo devedor final fica menor, e os juros do empréstimo incidem sobre o saldo devedor.

Sistema de amortização constante – SAC	
Amortização	=
Parcelas	⬇
Juros	⬇
Saldo Devedor	⬇

Tabela SAC – Sistema de Amortização Constante

No Sistema de Amortização Francês (Tabela Price), as parcelas são sempre iguais. Também compostas por amortização (principal) + juros, diferenciam-se do sistema SAC dado que aqui a amortização aumenta a cada parcela, e os juros diminuem a cada parcela, visto que incidem sobre o saldo devedor, que também diminui.

Sistema de amortização francês – SAF	
Amortização	⇧
Parcelas	=
Juros	⇩
Saldo Devedor	⇩

Tabela Price – Sistema de Amortização Francês (SAF)

Investir em imóveis significa investir em seu mercado local. Para contrabalancear esse risco, também é possível colocar o máximo possível de seus outros investimentos no exterior.

ALTERNATIVAS À COMPRA DE IMÓVEL

Não tem certeza de que deseja comprar uma casa, mas está preocupado com essa decisão, caso precise resolver mais tarde? Pois não tema! Aqui estão algumas alternativas perfeitamente sãs.

Invista em um fundo imobiliário

O que é melhor do que possuir uma casa? Possuir um pequeno pedaço de um monte de casas! Você pode investir em um fundo imobiliário que inclua projetos comerciais e residenciais diferentes. Você pode até encontrar fundos de propriedade passivos que lhe permitam possuir um pouco de todos os fundos imobiliários a uma taxa bastante baixa.

Melhor ainda, apenas *invista em um maravilhoso ETF global, como explico no capítulo 7*, porque eles incluem todos os fundos imobiliários.

Compre uma casa, mas alugue-a

Talvez você queira a segurança da propriedade de um imóvel, mas sabe que não pode comprar uma casa na área em que deseja morar. Portanto, compre uma pequena propriedade barata em uma área de investimento inteligente e alugue-a. Ser proprietário é um trabalho árduo, mas essa pode ser uma boa solução intermediária se você estiver com muita dúvida.

Se fizer as contas corretamente, poderá até encontrar um local onde a renda do aluguel pagará a maior parte do seu financiamento, o que significa que você está basicamente ganhando uma casa de graça. Essa é uma estratégia de alto risco, porque não se pode prever o que vai acontecer com as tarifas de aluguel na área, a menos que você seja um bruxo — nesse caso, você não precisa comprar casas porque pode apenas fazer mágica e sobreviver devorando criancinhas perdidas na floresta.

Alugue para sempre, economize pra caramba e aproveite sua liberdade!

Vivemos em um mundo enorme e bonito, e há cada vez mais maneiras de manter seus custos baixos e ainda viver uma vida cheia de aventuras mágicas. Existem muitos trabalhos que você pode realizar de qualquer lugar, graças à internet.

Se você mantiver o seu índice de gastos o mais baixo possível e for suficientemente disciplinado para investir 30% ou mais do que você ganha, terá adquirido a liberdade de nunca precisar comprar um imóvel caso não queira. Contanto que você tenha um plano diferente para aumentar a sua riqueza, pode gastar seu orçamento de moradia no que te faz feliz. Aproveite.

SONHANDO COM DIFERENTES OPÇÕES DE HABITAÇÃO

Vamos passar uma hora sonhando com diferentes opções de vida.
- Acesse o site de imóveis e calcule o custo de uma casa dos sonhos completa. (Pode ser uma casa em qualquer lugar do mundo, se você quiser morar lá.) Use uma calculadora de financiamentos on-line

para saber quanto seria o valor da parcela. Divida esse número por 0,3. É desse tanto que você precisa para adquirir essa casa confortavelmente. E não é que existe um motivo para batalhar pelo seu ganha-pão paralelo?

- Agora, encontre o custo de uma casa ou apartamento semelhante ao que você mora, se estiver alugando. Use a calculadora de financiamento. Esse valor do pagamento mensal é maior ou menor do que o que você está pagando no momento?
- Encontre o custo do apartamento mais barato em que você poderia se imaginar morando e sendo relativamente feliz. Calcule quanto economizaria todos os meses se o financiasse. Quanto essas economias valeriam após dez anos?
- Se você mora sozinho, multiplique por quatro seu aluguel atual e veja se consegue encontrar uma casa de quatro quartos por menos. Pense em três amigos com os quais poderia ser divertido conviver.
- Encontre o custo do aluguel mensal de uma casa no destino de baixo custo de sua escolha. Sugiro que você olhe Zanzibar, Moçambique, Tailândia, Vietnã, Colômbia, Portugal, Malásia, Nicarágua e Índia (para destinos internacionais) ou mesmo outro estado ou cidade brasileiros que sejam mais baratos do que o lugar onde você mora agora.

▎ QUITANDO O FINANCIAMENTO ANTES DO TEMPO

Você tem um financiamento? Considere quitá-lo antes do prazo. Pode ser especialmente bom fazer pagamentos extras logo no início, porque pagamentos extras reduzem o montante principal sobre o qual você paga juros. Nos primeiros anos de um financiamento, a maior parte do pagamento mensal está basicamente pagando juros e diminuindo só um pouco do montante total.

Pagar um pouco mais a cada mês, além do seu pagamento mínimo, pode ser muito útil também. Se você tivesse um financiamento de 360 mil reais, em geral pagaria 2,8 mil por mês (juros de cerca de 8,5% ao ano). Se você aumentasse para 3 mil reais, pagaria o imóvel em cerca de 20 anos em vez de 25 e economizaria mais de 120 mil reais em juros.

Faça as contas de acordo com a sua situação. É uma comparação entre pagar antecipadamente o seu financiamento e investir. Se tiver dívidas grandes, sempre se livre delas primeiro.

SEU CARRO DEIXARÁ VOCÊ POBRE

■ CARROS SÃO RASGADORES DE DINHEIRO

O quanto você pensa sobre a possibilidade de ter um carro provavelmente depende muito de onde mora. Na África do Sul, meu país de origem, carros são uma obsessão nacional (o que até faz sentido para quem já viu os nossos trens). Já se você mora no centro de Londres, a compra de um carro provavelmente nunca lhe passou pela cabeça. Mas alguns de vocês, assim como eu, moram em lugares onde os carros não são apenas a maneira mais fácil de se locomover, mas um passo crucial no caminho para um bom status social. Esta seção é para você.

Em tese, alguém que compra um carro por 50 mil reais poderia facilmente comprar um imóvel por 50 mil reais e pagá-lo no mesmo período.

A indústria automobilística usa todos os truques possíveis para fazer você pensar que precisa de um carro. Faz você achar que carros caros e malucos são totalmente acessíveis e estão dentro da sua faixa de preço. Nos convence a nos escravizarmos para que possamos pagar quantias exorbitantes por uma lataria que nunca nos fará feliz, e que nunca nos ajudará a alcançar os nossos reais objetivos.

Veja. Entre vocês, uma pequena proporção de vocês, há os que realmente amam carros. Sonham com eles, e possuí-los e cuidar deles de fato é uma das suas metas de vida. Se você está entre essas pessoas, maravilha! Compre todos os carros caros que puder, seu colecionador fofo. Mas, se não for o seu caso, sente e escute: você precisa fazer tudo o que puder para reduzir a quantidade de dinheiro que está gastando com carro, porque pode ser o principal fator que te impede de alcançar os seus verdadeiros sonhos.

A maioria de nós nem quer um carro — só queremos um meio de locomoção. Mas somos atraídos pela publicidade: acreditamos que um carro novo nos fará parecer ricos, seguros, poderosos, mais amados. Ficamos confusos diante dos estranhos financiamentos que eles estruturam a ponto de pensarmos que podemos realmente pagar 80 mil reais por uma máquina. Até pensamos em nosso carro como um bem!

Seu carro não é um bem, ao menos não um bem ativo. É um rasgador de dinheiro automático que está deixando você pobre. E, se for financiado, nem o dono você é. O banco é o dono.

Vamos imaginar que você compre um carro novo aos 25 anos. É um carro bastante modesto. No geral, incluindo seguros, combustível e outros gastos, você acaba pagando 2 mil reais por mês com isso (pensando-se em um carro popular). Digamos que você o troque a cada dois anos por outro carro novo, durante toda a sua vida. Seus custos permanecem mais ou menos os mesmos, de cerca de 2 mil reais por mês (vamos fingir que a inflação não existe). Você se aposenta aos 65 anos ainda dirigindo um carro novo (a essa altura, um carro chique). Você jamais ganhou dinheiro vendendo carro — sempre o trocou pelo seu próximo carro novo e continuou pagando prestações mensais.

Quando se aposentar aos 65 anos, você terá gastado quase 1 milhão de reais em carros.

E fica ainda pior ao pensar sobre o custo de oportunidade perdida. Se, em vez de gastar 2 mil reais por mês em seu carro, você gastasse mil reais em transporte público e investisse o restante, você teria cerca de 1,3 milhão de reais ao se aposentar (com um rendimento de 7% ano).

Portanto, a diferença entre sempre dirigir carros novos e nunca ter carro é uma diferença de mais de 1 milhão de reais ao longo da sua vida. Pense nos grandes e audaciosos sonhos que você anotou no capítulo 1. Existe algum deles que você não poderia alcançar com esse valor?

E o mais louco é que seu carro provavelmente passa 23 horas por dia estacionado em algum lugar sem fazer *absolutamente nada*.

Se este livro levar a uma mudança realmente ousada em sua vida, venda seu carro caro demais. Só esse pequeno sacrifício pode mudar totalmente sua vida.

Sem carro, como se deslocar? Transporte público. Um clube de compartilhamento de carona. Ou talvez se aproximar de onde trabalha, se encontrar um lugar acessível.

Pode usar aplicativo de mobilidade ou táxi. Ir de bicicleta. Descobrir que você ama caminhar. Milhões de pessoas fazem isso em todo o mundo, todos os dias.

Se você precisa de um carro, tente não financiar. Economize até poder comprar à vista. Eu sei que isso soa como um feito impossível. Mas, se você não conseguir economizar para comprar um carro usado por um ano ou dois, não poderá comprar um carro caro a crédito de qualquer maneira.

QUANTO VOCÊ ECONOMIZA VENDENDO SEU CARRO?

1. Pesquise na internet a **avaliação do seu carro** (tipo e ano).
2. Veja com o banco quanto ficaria para **quitar o financiamento**.
3. Descubra **quantos meses** restam de financiamento e quais são, exatamente, as suas parcelas mensais.
4. Calcule quanto custaria para você circular **todos os meses** caso vendesse o seu carro. Para resolver isso, passe uma semana fingindo que não tem carro, rastreie os gastos e multiplique por quatro. Se está pensando em trocar seu carro por um mais barato, pode comprar à vista. Navegue on-line para ver quanto os carros mais

baratos estão custando (leve em conta o dinheiro extra que vai gastar para manter a lata-velha funcionando).
5. Calcule quanto **gasta atualmente com o seu carro todos os meses**, incluindo gasolina, financiamento, seguro, IPVA, pedágios, estacionamento etc.
6. **Some tudo** e *voilà* — este é o dinheiro você poderia economizar vendendo seu carro agora.

Quanto eu economizaria se vendesse meu carro

MANTER O CARRO	VENDER O CARRO
custos com o carro × meses de financiamento que faltam	transportes alternativos por mês × meses de financiamento que faltam + valor atual do carro (se eu vendesse) − quitação do financiamento

■ ENTÃO VOCÊ VAI FINANCIAR UM CARRO...

Pois você não está convencido, ou não está pronto para sobreviver sem carro. Tudo bem! Se vai comprar um carro financiado, ainda pode fazer muito para gastar o mínimo possível com ele.

Quando você deseja comprar um carro, os vendedores fazem tudo o que podem para que se concentre no *valor pago todos os meses*. Este não é o número certo no qual você deve se concentrar, porque pode haver um monte de bobagens escondidas na parcela mensal que voltarão como uma assombração na sua vida daqui a alguns anos. Concentre-se no *custo total*.

As alavancas que afetam o custo total são:
- O valor da entrada.

- A duração do financiamento. Você pode fazer um financiamento mais longo (às vezes de 72 meses, ou seis anos) e pagar menos a cada mês, mas acaba pagando muito mais juros.
- O custo real do carro. Este é o maior. Compre o carro mais barato no qual se sinta seguro.
- A taxa de juros, calculada normalmente com base no seu histórico de crédito. Procure entre diferentes instituições financeiras para ver quem oferece a menor taxa de juros.
- Custos com seguro e revisão.
- Parcela balão. Essa é a coisa mais diabólica, que você deve evitar a qualquer custo. Significa que você fica devendo um montante considerável e só paga no final do empréstimo. Mas isso acaba aumentando a sua taxa de juros, como um todo. Com frequência, quando chegam ao fim de um financiamento, as pessoas precisam trocar o veículo por outro muito mais barato (o que geralmente não fazem) só para bancar o balão, ou (mais comumente) fazer um refinanciamento e acabar tendo de começar a pagar tudo de novo por um carro que já pode ter seis anos a essa altura.

Veja a seguir como cada uma dessas alavancas pode afetar o custo final.

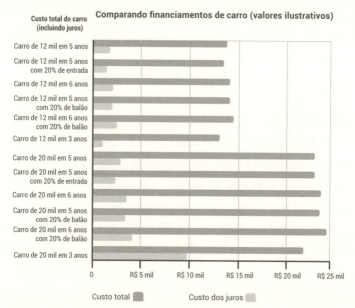

A melhor coisa a se fazer seria comprar o carro mais barato, economizar o máximo possível para a entrada, pagá-lo rapidamente e evitar o pagamento de um balão.

■ ESCOLHENDO UM MODELO DE CARRO

Ao escolher um carro, obviamente você admira as suas belas linhas, testa a potência do motor e verifica se atira mísseis, possui assento ejetor e todas essas coisas essenciais. Mas aqui estão alguns outros pontos práticos a serem considerados quando se procura o carro dos sonhos.

Depreciação

Carros sofrem depreciação rapidamente. Isso significa que perdem seu valor todos os dias. Em média, um carro perde cerca de 20% de seu valor a cada ano, mas grande parte dele é perdida assim que um carro sai da concessionária. Por esse motivo, *nunca compre um carro novo*. Não vale a pena. O ponto ideal é comprar um carro com dois a três anos de idade e mantê-lo por muito tempo.

A depreciação se dá a taxas diferentes. Alguns se depreciam em até 50% já no primeiro ano; outros mantêm seu valor de maneira muito mais adequada, de modo que você possa vendê-los quase pelo preço que pagou, mesmo cinco anos depois. Faça a sua lição de casa antes de escolher um modelo.[35]

Custos de seguro

Alguns carros são roubados com muito mais frequência do que outros. Por esse motivo, você pagará mais pelo seguro se dirigir alguns modelos (sem falar da constante sensação de perigo). Você pode encontrar na internet listas dos carros mais roubados na sua região.

Faça algumas cotações de seguro de carro *antes de escolher o modelo*. Isso ajuda você a comparar o custo real das opções.

---

[35] Existem fontes on-line para comparar as taxas de depreciação de automóveis, mas você também pode comparar o preço do carro novo com o de uma versão anterior do mesmo modelo em sites de veículos seminovos.

Complementos

Você de fato precisa de todos os complementos, como janelas elétricas? Janelas a manivela eram excelentes na época da sua avó. Todos esses custos vão se somando.

Histórico de revisão

Você está comprando um carro de segunda mão, certo? Certo?! Portanto, antes de comprá-lo, pague um mecânico para inspecioná-lo. Tente comprar um carro com histórico de revisão completo, o que significa que há um registro exato do que aconteceu com o carro. Você não deseja descobrir nenhuma surpresa desagradável no motor quando estiver dirigindo por uma parte pouco acolhedora da cidade às 3h da manhã.

Planos de serviço e garantias

Alguns revendedores de automóveis oferecem plano de serviços (como revisão e manutenção) ou garantia estendida. Às vezes, valem a pena, mas realmente depende do seu carro. Se você não tiver esses itens, verifique se está investindo dinheiro suficiente em suas economias de emergência todo mês para cobrir possíveis avarias.

■ EM SUMA: REGRAS PARA A COMPRA DE UM CARRO

1. Não compre um carro!
2. *Suspiro.* O.k., tudo bem, você vai comprar um carro... Economize ao máximo para dar uma boa entrada. Ou, melhor ainda, compre à vista! Você vai sentir uma satisfação enorme.
3. Escolha o modelo mais barato no qual você se sente seguro — idealmente, um que não sofra tanta depreciação. Pague para um mecânico inspecionar o carro antes de assinar qualquer coisa.
4. Procure o financiamento com a menor taxa de juros.
5. Tente pagar o seu empréstimo o mais rápido possível.
6. Evite um financiamento com parcela balão.
7. Depois de comprá-lo, fique com ele até que literalmente desmorone.
8. E, por fim, nunca, nunca, nunca compre um carro novo.

TUDO QUE VOCÊ PRECISA SABER SOBRE IMPOSTOS

Momento de confissão: eu não entendo nada de direito tributário. Poucas pessoas entendem. É mais confuso do que tentar seguir a trama de *A origem*, dublada em mandarim, quando se está bêbado e plantando bananeira. Também não é como se houvesse alguma lógica sobre o que é tributado e o que não é. (Se assim fosse, não viveríamos em um mundo onde CEOs geralmente pagam menos impostos do que seus secretários.)

Imposto é o tipo de coisa sobre a qual você pode evitar aprender — a menos que fique muito mais rico; nesse caso, você contratará alguém que pode fazer coisas eticamente duvidosas por você, como criar empresas de fachada nas Ilhas Virgens.[36]

Aqui estão algumas coisas que você precisa saber sobre o IR, o famoso imposto de renda.

> ### Reclamando dos impostos?
> Você sabia que, no Reino Unido e nos Estados Unidos, a faixa tributária mais alta era superior a 90% em períodos dos anos 1950 e 1960? Apenas uma perspectiva para quando você fica se lamuriando por causa de impostos muito altos.

■ TIPOS DE IMPOSTO

Existem impostos para todo tipo de coisa. Ao comprar uma passagem de avião, você está pagando taxas aeroportuárias. Quando compra gasolina, paga imposto sobre o combustível. Em geral, o imposto está embutido no preço das coisas, então você nem percebe. A seguir listo alguns dos impostos mais importantes que você deve conhecer.

---

[36] A propósito, estou, é claro, brincando com esse papo de Ilhas Virgens. Pagar impostos é importante e necessário. Impostos constroem estradas e escolas e ajudam a tornar nosso mundo desigual num lugar um pouquinho menos desigual. Você definitivamente deve pagar seus impostos. Mas não precisa deixar gorjeta.

Imposto de renda

Esse é o tipo de imposto que você com certeza sabe que existe. É uma porcentagem da sua renda que paga (caso você seja funcionário de uma empresa, esta recolhe e repassa) para a Receita Federal. No seu holerite, você vê esse repasse na linha do IR. Você paga imposto de renda independentemente da sua fonte da renda: trabalho assalariado, autônomo, freelancer, venda de coisas, aluguel da sua casa, tudo isso.

INSS

No Brasil, a contribuição para o Instituto Nacional do Seguro Social (INSS) é obrigatória para trabalhadores da iniciativa privada, qualificando-os para o recebimento de um benefício na aposentadoria. Você também vê essa contribuição no seu holerite.

Impostos sobre bens e serviços

São impostos embutidos no preço de quaisquer bens ou serviços vendidos. Algumas coisas também têm outros impostos especiais para incentivar as pessoas a comprá-las ou desencorajá-las — como no caso dos cigarros.

Imposto sobre ganhos de capital e imposto sobre dividendos

O imposto sobre ganhos de capital você paga quando os ativos que possui aumentam de valor. Isso geralmente só entra em jogo ao descartar um bem ou ativos (como ao vender uma casa ou ações). Você também deve pagar impostos quando os seus ativos pagarem dividendos. Esses impostos se complicam e é incrível o que os ricos conseguem fazer para escapar deles. Se você estiver pagando impostos significativos sobre ganhos de capital, deve conversar com um especialista em impostos, porque provavelmente precisa se informar sobre prejuízos fiscais e outras coisas que são complicadas demais para eu abordar aqui.

Imposto sobre herança

Imposto que você paga quando morre. Esta é uma das razões pelas quais pessoas ricas criam relações de confiança.

■ CALCULANDO SEU IMPOSTO DE RENDA

O imposto funciona em uma escala móvel. Até uma determinada faixa, você não incorre em nenhum imposto — oba! São cobrados valores diferentes por diferentes faixas de renda. Quanto mais você ganha, mais alta é a alíquota do imposto (no Brasil, o teto é de 27,5%).

A tabela do imposto de renda muda a cada ano, e você pode acessar o site da Receita Federal para consultá-la.[37] Neste momento no Brasil, você não precisa pagar imposto de renda se ganhar menos de 1.903,98 reais.

TABELA DE INCIDÊNCIA MENSAL
A partir do mês de abril do ano-calendário de 2015:

Base cálculo (R$)	Alíquota (%)	Parcela a deduzir do IRPF (R$)
Até 1.903,98	-	-
De 1.903,99 até 2.826,65	7,5	142,80
De 2.826,66 até 3.751,05	15	354,80
De 3.751,06 até 4.664,68	22,5	636,13
Acima de 4.664,68	27,5	869,36

Disponível em:
<http://receita.economia.gov.br/acesso-rapido/tributos/irpf-imposto-de-renda-pessoa-fisica#-calculo_mensal_IRPF>.
Acesso em: 26 mai. 2020.

Se estiver empregado, seu imposto será calculado para você pelo empregador, que repassará à Receita Federal em seu nome. Se você usar o seu dinheiro para pagar itens necessários para o trabalho, poderá ajustar a sua faixa de renda descontando o que gastar. Converse com o departamento pessoal da empresa se acha que isso se aplica a você.

■ PREENCHENDO O IMPOSTO DE RENDA

Se está empregado, mas a sua renda é inferior à primeira faixa tributada, você não é obrigado a declarar o imposto de renda (a não ser que tenha

---

[37] Tabela do IRPF 2020: <https://irpf2020.com/tabela-irpf-2020/>. Acesso em: 15 jun. 2020.

bens em seu nome — nesse caso, verifique em que faixa se encontram). Mas, se recebe acima de 1.903,98 reais (valor de 2020), precisa fazer a declaração, mesmo que tenha fontes de renda variadas (trabalha por conta própria, ganha dinheiro alugando um quarto etc.).

Não é tão assustador quanto parece: você só precisa preencher um formulário no programa disponibilizado anualmente on-line pela Receita Federal, sob o risco de cair na famosa *malha fina*. Verifique on-line o prazo que se aplica.

Você usa o CPF para se cadastrar e fazer declarações. Na sua declaração de imposto, você deve declarar qualquer renda obtida ao longo do ano (seja do seu emprego ou de algum ganha-pão paralelo). Você também lista todas as despesas que podem ser abatidas, como gastos com saúde e educação (dependendo da faixa). A depender desses gastos, você será restituído.

Despesas que podem ser dedutíveis:
- Educação (básica, profissionalizante e ensino superior).
- Saúde (consultas médicas, como dentista etc.).
- Investimentos na Previdência (veja se aplica-se ao seu caso).
- Pensão alimentícia.
- Doações.

Quando você faz a sua declaração de imposto, a Receita Federal verifica se o valor pago é mais ou menos o que você realmente deve. Se estiver devendo mais dinheiro em impostos, receberá um aviso. Quando as suas despesas (listadas acima) tiverem sido muito altas, é possível que receba restituição em algum momento até o fim do ano, o que gera sempre uma sensação estranha e maravilhosa. Sendo a pessoa responsável que você é, tenho certeza de que transferirá esse dinheiro diretamente para um investimento, não é?[38]

Se a sua declaração for complicada, provavelmente vale a pena pagar um contador para fazê-la para você. Há um monte de coisas que você pode reivindicar que talvez não conheça (e é meio chato aprender). Não minta nas suas declarações. Se você for pego, pode virar uma dor de cabeça danada.

---

38 Lembra-se do que dissemos no capítulo 1 sobre contabilidade mental? Restituições do Imposto de Renda não caem do céu, e você não deve gastá-las com a primeira porcaria que cruzar o seu caminho.

■ O ANO FISCAL

Imagine passar o Réveillon tentando freneticamente fazer a declaração do Imposto de Renda. Hehe. Ninguém jamais faria isso. Sejamos honestos, em 31 de dezembro, já estamos bêbados às 14h. Mas o ano fiscal no Brasil é o mesmo ano do calendário — portanto, o último dia do ano fiscal é, justamente, o último dia do ano fiscal. Mas você pode começar a se preocupar com a declaração só em janeiro (você terá provavelmente até abril para enviá-la).

Pessoas inteligentes finalizam as suas declarações no tempo certo. A maioria das pessoas (ou seja, estou me xingando) espera até o último minuto e precisa lidar com certo pânico. Não seja como eu. Conclua a sua declaração antes.

Se perdeu o prazo fiscal (ou alguns), ainda assim precisa declarar — e pagará multa por isso.

DINHEIRO E FAMÍLIA

■ COMPARTILHANDO DINHEIRO COM A OUTRA METADE DA LARANJA

Não existe livro de receitas universal sobre como ter um ótimo relacionamento: há um número infinito de possíveis configurações de relacionamento. Se você se casou com o seu namorado do Ensino Médio, se está morando em uma comuna, se tem uma masmorra sadomasoquista ou se seu relacionamento principal é com seu cãozinho Totó, o fato é que você vai precisar traçar uma maneira de lidar com a divisão do dinheiro. Descobrir a maneira correta de lidar honestamente com dinheiro em seu relacionamento pode ser essencial para a união: discussões sobre dinheiro são uma das razões mais comuns pelas quais as pessoas se divorciam ou se separam.

Há uma regra que é praticamente universal: **conversem**. Isso é difícil, porque aprendemos desde o dia em que nascemos a nunca falar sobre dinheiro.

Mas todos os bons relacionamentos, qualquer que seja a sua configuração, resumem-se à confiança. Se você não pode confiar no seu parceiro o suficiente para ser sincero sobre dinheiro, então saia por aquela porta o mais rápido possível.

Fale. Faça com que ele leia este livro! Veja se vocês pensam da mesma forma no que diz respeito à importância de fazer economias. Não há nada mais difícil do que tentar ser bonzinho, comer direitinho e não comprar porcaria aleatória quando a pessoa com quem você passa muito tempo está tentando ativamente minar os seus esforços. Não deixe que o orçamento seja algo de que você se envergonha. Ter um orçamento e cumpri-lo faz de você uma pessoa sensacional. Significa que você tem sonhos ousados e está trabalhando para fazê-los acontecer.

Se o relacionamento for sério, pode ajudar se vocês tiverem uma meta de economia compartilhada para daqui a cerca de um ano, como férias que queiram tirar juntos. É bom poder lembrar um ao outro: *Que tal, em vez de comprar um novo x (preencha aqui), depositarmos o dinheiro no fundo da Tanzânia?* Essa também pode ser uma ótima maneira de dar presentes mais significativos (em vez de comprar chocolates, depositar uma contribuição na conta).

Se vocês estiverem juntos há bastante tempo e sua vida financeira já for entrelaçada, sente-se com a sua metade da laranja e crie um plano financeiro compartilhado. Pode ser útil fazer isso com a ajuda de um consultor financeiro (pense nesses caras como terapeutas de casal para a sua conta bancária). Vocês também podem considerar a possibilidade de um orçamento compartilhado e revisar suas finanças juntos no final do mês. Claro, pode não parecer muito sexy, mas conversar de maneira proativa e consistente significa que você tem menos chances de encontrar surpresas desagradáveis.

Não permita que o dinheiro seja o problema de apenas uma pessoa no relacionamento. Pode ser muito fácil cair na armadilha de pensar que, como uma pessoa é *melhor* com dinheiro do que a outra, é ela quem deve lidar com as decisões financeiras. Ou que uma pessoa deve ser responsável pelo orçamento e a outra deve lidar com coisas complexas, como investimentos. O problema dessa abordagem é que um parceiro nunca saberá como as finanças funcionam.

Poucas coisas na vida são certas. Você não quer se ver sozinho na velhice sem nunca ter aprendido a escolher um bom investimento.

■ DINHEIRO E FILHOS

Pais, vocês são heróis incríveis e já parecem saber tudo sobre como ser responsáveis, por isso tenho certeza de que já sabem tudo isso. Eu não tenho filhos, então qualquer conselho que eu tentasse dar seria puramente hipotético. Só quero sugerir quatro coisas muito rápidas:

1. Vocês podem abrir um **investimento para os filhos** quando eles nascerem (mais sobre isso no capítulo 7). Esse é um dos melhores pontos de partida na vida que você pode dar a eles. Lembra daqueles vampiros do capítulo 2? Se seus filhos podem começar a ganhar juros a partir do dia em que nascem, terão um bom tempo para que isso se transforme em uma pilha surpreendente de possibilidades financeiras.

2. **Converse com os seus filhos** sobre dinheiro. Envolva-os no orçamento da família. Converse com eles sobre seu plano de esmagar uma dívida. Claro, eles acharão chato e dirão que preferem pegar Pokémon em seus skates, ou seja lá o que as crianças andam fazendo hoje em dia, mas insistam. Nunca permita que o dinheiro seja fonte de vergonha ou algo que você oculte ou minta para eles — esta é a maneira mais rápida de criar complexos.

3. **Deixe seus filhos começarem a gerenciar seu próprio dinheiro** o mais cedo possível, da maneira apropriada à idade. Gosto da ideia de criar uma microeconomia em sua própria casa, para que eles possam entender como o dinheiro funciona. Deixe-os ganharem a mesada de acordo com o cumprimento de tarefas ou trabalhos escolares, em vez de apenas dar a eles. Se eles precisarem pegar dinheiro emprestado para algo que desejam, mas não puderem pagar, ofereça-lhes um empréstimo com juros claros. Ensine-os não apenas a gastar dinheiro, mas também a poupá-lo e a doá-lo para quem necessita. Crie um gráfico simples de metas econômicas e ajude-os a acompanhar o seu progresso na compra do que desejam. Incentive-os a colocar uma parte de tudo que ganharem

em um cofrinho especial para caridade e, quando tiverem acumulado o suficiente, leve-os para uma instituição onde possam fazer a doação pessoalmente para ver o impacto que ela pode ter.

4. Goste ou não, as **crianças aprendem observando os adultos**, então adote o comportamento financeiro que deseja que os seus filhos aprendam.

▌ PAIS IDOSOS E COMPROMISSOS FAMILIARES

Na África do Sul, costuma-se chamar millenials de *geração sanduíche*. Pode até parecer gostoso (Sanduíche? Onde?!), mas, na verdade, refere-se ao fato de que muitas pessoas dessa geração têm de sustentar crianças e também pais idosos.

Com os *baby boomers* vivendo vidas muito mais longas e caras para a aposentadoria baixa que recebem, esse é um fenômeno que mais e mais pessoas de todo o mundo enfrentam todos os dias.

Essa expectativa pode ser sentida de maneira especialmente aguda entre imigrantes. Muitos de nós temos a sorte de nos encontrar em países muito mais ricos do que aqueles em que nascemos. Frequentemente, somos a única pessoa em nossa família que estudou ou ingressou em uma profissão. Mas não deixamos para trás nosso amor e nossos deveres quando partimos. Muitos enviam dinheiro para os seus pais e também para familiares, irmãos e amigos da família.

Isso não é necessariamente uma coisa horrível. Adoramos nossas famílias, e pode ser um privilégio ajudar a cuidar de seu bem-estar. Mas, quando somados aos outros preconceitos sistêmicos enfrentados na sociedade, principalmente pelas pessoas negras e imigrantes, isso significa que qualquer um de nós que economize dinheiro na merece uma medalha.

Se você se encontra na posição de ter de sustentar várias outras pessoas, ainda mais se for no início de sua carreira, lamento que haja toda essa pressão extra sobre você. Isso é injusto. Tenho certeza de que ninguém sabe melhor do que você sobre os difíceis compromissos que tem de cumprir todos os dias. Frequentemente, a realidade para algumas pessoas não é escolher entre economizar e gastar, mas entre economizar e enviar dinheiro para casa, para que sua família tenha o suficiente para comer.

Esse apoio também pode significar muitas coisas além do dinheiro: proporcionar um lugar para morar, cuidar das crianças da família, ajudar os idosos em suas atividades diárias, fazer comida, oferecer apoio emocional. Todo mundo desempenha um papel diferente na família. Pode ser que você tenha de oferecer apoio financeiro agora, mas isso não significa que o relacionamento seja necessariamente desajustado.

Lembre-se do que dizem nos aviões: *Coloque a sua máscara de oxigênio antes de ajudar as pessoas a seu redor.* Não é bom ser tão generoso no momento em que você ainda precisa garantir a sua própria segurança financeira de longo prazo. Se não está economizando o suficiente para se aposentar, está apenas perpetuando um ciclo. Não há problema em ter limites para a sua generosidade, mesmo quando se trata de família.

As coisas mais difíceis se tornam mais fáceis se todos falarem sobre elas da maneira mais honesta possível. **Certifique-se de que você, seus irmãos e seus pais tenham conversado honestamente sobre as expectativas que todos têm um com relação ao outro.** Seus pais esperam morar com você quando você comprar uma casa e eles estiverem frágeis demais para cuidarem de si mesmos? Você espera que seu irmão mais velho pague mais para apoiá-los, se ele ganhar mais dinheiro do que você? Você espera que seus pais deixem uma herança ou ajudem você a dar entrada em uma casa? Essas conversas são complicadas, mas seria mais difícil descobrir no meio do caminho que as suas suposições são completamente diferentes. Quanto mais souber sobre o que a sua família precisará nas próximas décadas, melhor você poderá planejar essas necessidades em seu plano financeiro.

Ao ter conversas mais profundas com nossas famílias, também podemos sair da armadilha de oferecer sempre um apoio de curto prazo, mas nunca melhorar a situação financeira deles no longo prazo. Se você entender o mundo financeiro deles, poderá oferecer formas de ajuda mais significativas do que apenas dar dinheiro. Você pode ajudá-los a encontrar um emprego, ou a descobrir como obter crédito mais barato, ou investir melhor as suas economias de longo prazo. Você pode ensinar outras pessoas a terem um relacionamento tão saudável com o dinheiro quanto você.

Evite ser fiador para empréstimos em nome de outra pessoa. As coisas podem dar muito errado, e sua própria possibilidade de crédito pode acabar irreparavelmente danificada, assim como o relacionamento com a pessoa. Em vez disso, ajude-a a pedir um empréstimo em seu próprio nome de uma instituição respeitável ou apenas lhe dê o dinheiro. Se fizer um empréstimo para um familiar, chame-o de empréstimo, mas, na sua cabeça, pense nisso como um presente. Não vale a pena arruinar o amor por um empréstimo não pago.

Por fim, pode ser difícil falar sobre isso, mas certifique-se de que seus pais sabem como ficará a situação financeira após a perda de algum deles. Ninguém quer ficar de luto e, simultaneamente, brigar com seus irmãos pela herança.

CRIE O SEU DESAFIO DE DINHEIRO

Está com ideias para liberar um pouco de dinheiro extra para economizar? Aqui estão alguns pequenos desafios para você. Faça uma cópia desta página e escolha os desafios. Opte apenas por um ou dois desafios de cada vez.

Prepare uma lancheira
Dificuldade: Fácil
Entre na internet e encontre duas receitas diferentes para almoços deliciosos, saudáveis e acessíveis. No domingo, pré-prepare o suficiente para duas porções de cada almoço. Arrume uma lancheira bacana, que seja gostosa de abrir todos os dias. Para pontos bônus, faça um bilhetinho para si mesmo.

Apenas diga não
Dificuldade: Fácil
Você tem dificuldade para dizer não quando as pessoas tentam lhe vender porcarias? Você é um bajulador compulsivo de pessoas? Tente

alongar os músculos do *não*. Entre em uma loja muito cara. Quando o vendedor perguntar se você está procurando algo, diga que sim. Experimente um monte de tralha. Saia sem comprar nada. Se você gosta mais de carros do que de roupas, marque um test-drive em um carro chique e não compre.

Reduzir a conta do celular
Dificuldade: Média
Se você possui um plano de celular, descubra como poderia fazer para pagar menos. Ou venda seu celular chique na internet e use esse dinheiro para comprar um telefone novo e barato. Use um cartão SIM pré-pago.

Limpeza sazonal
Dificuldade: Difícil
Passe por todos os cômodos da sua casa. Lidando com um tipo de coisa de cada vez (camisetas, talheres), retire todos os itens desse tipo dos armários e arrume-os no chão para que você possa dar uma boa olhada neles. Separe aquilo de que você realmente precisa e/ou aquilo que você ama e guarde essas coisas de volta. Pegue toda a bagunça que sobrou, tente vender on-line ou em um brechó. Doe tudo que eles não quiserem para uma instituição de caridade.

Reduza sua conta de luz
Dificuldade: Média
Faça uma pesquisa sobre como reduzir sua conta de luz em casa. Passe uma manhã em uma loja juntando espuma isolante, lâmpadas mais eficientes, cronômetros ou qualquer outra coisa de que você precise. Comece a poupar o dinheiro e o planeta ao mesmo tempo.

Viva sem carro
Dificuldade: Difícil
Por um mês, finja que seu carro foi sequestrado por alienígenas particularmente confusos. Descubra como viver sem carro. Organize caronas. Ande. Vá de bike ou aplicativo de mobilidade. Trem. Se for mais fácil do

que pensava, você acaba de provar a si mesmo que pode vender seu carro e economizar uma boa quantia em dinheiro.

Confeccione um presente para alguém
Dificuldade: Fácil
Em vez de comprar um presente para alguém, dedique um tempo extra para preparar algo encantador e que seja de coração.

Desafio do jantar de cinco reais
Dificuldade: Fácil
Na maioria das vezes, uma família precisa apenas de três ou quatro receitas básicas para viver. Certifique-se de que uma dessas receitas seja deliciosa e econômica. Passe um tempo pesquisando ótimas receitas que podem alimentar uma pessoa por cinco reais ou menos. Experimente as receitas, até encontrar algumas que façam sua barriguinha sorrir.

Fins de semana sem gastar
Dificuldade: Média
Escolha sábado ou domingo e transforme-o em um dia de família sem gastos durante um mês. Para um desafio maior, estabeleça como regra que você nunca gaste dinheiro nos fins de semana. O desafio ainda inclui criar atividades divertidas que não custem dinheiro.

Desafio de trinta dias sem gastar
Dificuldade: Difícil
(Confira as instruções na página 135)

Transforme dez reais em cinquenta
Dificuldade: Difícil
Retire dez reais em dinheiro. Seu desafio é transformar esse dinheiro em pelo menos cinquenta reais até o final do mês. Por exemplo, se você é bom em fazer coisas, compre matérias-primas com esses dez reais e faça algo para vender. Use as suas habilidades para fazer uma graninha.

Cancelar uma assinatura
Dificuldade: Fácil
Encontre uma assinatura que você realmente não usa e cancele-a.

Corte suas taxas bancárias
Dificuldade: Média
Encontre uma conta bancária mais barata. Receba seu salário nela. Maravilhe-se com as suas novas taxas bancárias mais baratas.

Reduza os seguros
Dificuldade: Média
Reserve uma manhã. Telefone e obtenha algumas cotações competitivas para o seu seguro. Veja se pode negociar um seguro mais barato do que o que você tem agora.

CAPÍTULO 6

FAZENDO DINHEIRO

O QUE VOCÊ QUER FAZER QUANDO CRESCER?

Toda essa conversa sobre como gastar dinheiro com mais inteligência e economizar mais é importante. Mas, para ser honesta, a melhor coisa que você pode fazer pelo futuro financeiro é investir na sua própria capacidade de obter renda. Então, vamos falar sobre o trabalho.

Trabalho não é apenas ganhar dinheiro. Tem a ver com identidade e comunidade. Valor próprio, tanto quanto patrimônio. Mas nem todos nascem sabendo o que querem fazer da vida. E, para as pessoas que não sabem, eu digo o seguinte:

Não se estresse procurando a sua paixão. Concentre-se em aprimorar as suas habilidades.

Encontre a coisa mais difícil em que você é bom — aquela coisa que você consegue fazer enquanto outras pessoas se embananam — e concentre-se em melhorar ainda mais. Se essa habilidade for rara, ainda melhor. O engraçado das habilidades é que elas são bastante transferíveis. Então, mais tarde, quando ficar mais consciente dos problemas no mundo e quiser corrigi-los, você terá algumas ferramentas bastante poderosas para enfrentá-los.

Deng Xiaoping, um cara muito esperto, chamou essa estratégia de vida de *atravessar o rio sentindo as pedras.*

As pessoas tratam essa questão de "o que você quer ser quando crescer" como se fosse uma resposta obtida aos dezessete anos, a ser seguida pelo resto da sua vida. Não é. É uma pergunta que você precisa responder todos os dias até morrer. Você nunca para de procurar a resposta para essa pergunta. As novas gerações não terão apenas um emprego ao longo da vida, e você também não precisa ter. Aff, eu nem conheço muitas pessoas que têm apenas um emprego *de cada vez*.

QUAIS SÃO AS SUAS HABILIDADES MAIS VALIOSAS?

Vocês sabem como eu amo listas. Então, faça uma agora. Quais são todas as suas habilidades? Que coisas você sabe fazer melhor do que a maioria das pessoas?

Anote tudo:

- Habilidades interpessoais, como Eu consigo neutralizar argumentos tensos muito bem ou Todas as avós me amam, por algum motivo qualquer.
- Habilidades técnicas, como Consigo fazer coisas no Excel que fariam a maioria dos programadores chorar ou Consigo falar Klingon fluentemente.
- Coisas que você conhece, como Eu tenho um conhecimento ferrado de crimes do século XVI ou Posso citar todas as linhas de diálogo das sete temporadas de Buffy, a Caça-Vampiros (essa sou eu, aliás).
- Coisas em que você é bom porque faz por diversão, como Eu sei fazer um brownie maravilhoso ou Eu posso lutar com pinguins.

Ao lado de cada habilidade, adicione mais duas colunas:
- Em uma escala de 1 a 3, quanto dinheiro dá para ganhar com isso? É altamente valorizado pela sociedade?
- Em uma escala de 1 a 3, quanto eu gosto de fazer isso?

Agora, selecione uma ou duas dessas habilidades marcadas com três. Concentre-se em aprimorar essas habilidades ainda mais. Você só precisa ser extraordinariamente bom em algumas coisas para ter uma carreira incrível. Esse exercício ajuda você a descobrir em que focar para se tornar excelente, mas também é uma boa maneira de começar a criar uma narrativa clara sobre os seus talentos para depois compartilhar com as outras pessoas.

Pense amplo; não se limite. Eu conheço um cara que é comentarista internacional de esportes (de renome!) para a franquia de jogos *StarCraft*.

■ COMO NEGOCIAR UM AUMENTO

Conseguir um emprego de que você gosta é apenas metade da batalha. Você precisa garantir que esteja sendo pago corretamente pelas horas que transpira. E isso significa aprender a negociar um aumento. Uma das coisas mais espetaculares do mundo dos negócios é como os empregadores são capazes de usar as informações para manter o poder ao negociar.

Quando você entra em uma negociação sobre salários, *eis o que você sabe*:
- Quanto você ganha agora.
- Como você faz o seu trabalho (sua avaliação subjetiva).

Aqui está o que o seu chefe sabe:
- Quanto você ganha agora.
- Como você faz o seu trabalho (a avaliação subjetiva dele).
- O que todo mundo na empresa ganha, incluindo pessoas que fazem o mesmo trabalho que você.
- O que o seu chefe ganha.
- Quanto lucro a empresa está obtendo (e os limites do que tecnicamente poderia pagar a seus funcionários).
- Ele também é mais propenso do que você a conhecer o setor: quão difícil seria substituí-lo por um novo funcionário, quão raras são suas habilidades, as taxas atuais no seu setor e assim por diante.

Isso significa que você está negociando no escuro. Você está à mercê do cara. Você não sabe se está sendo atrevido e pedindo uma quantia ridícula ou se está se subestimando horrivelmente e, na verdade, o estagiário na primeira semana está ganhando duas vezes mais do que você.

Informe-se o máximo possível para reduzir a assimetria de informações. Essa é uma das razões pelas quais os sindicatos são excelentes, porque normalmente eles negociam como um grupo, para que você também fique ciente do que todos os outros estão ganhando. Mas nem toda indústria tem um sindicato.

Como lidar com isso? Você faz sua maldita lição de casa.

Descubra o que outras pessoas como você recebem. Se pesquisar, encontrará vários relatórios de diferentes setores. Veja os portais de emprego para ver que tipos de emprego existem para pessoas com as suas habilidades e o que estão oferecendo. Se houver muitos anúncios de emprego para pessoas como você, isso é um sinal de que as suas habilidades estão em alta demanda e de que você talvez possa pedir demissão facilmente se precisar.

Aqui está uma ideia ainda mais radical: informe a seus colegas de trabalho quanto você recebe e pergunte quais são os salários deles. Por lei, seu empregador não pode impedi-lo de discutir seu salário, mesmo que muitos insinuem fortemente que isso não é permitido. Faça isso às escondidas, se for necessário. Sim, parece estranho, mas quem se beneficia quando os funcionários não discutem seus salários? Somente a empresa, à sua custa.

Não basta ir até lá e dizer: *Eu mereço R$ X porque o tal e tal recebe R$ X*. Não é assim que funciona. A informação apenas ajuda você a saber qual número deve pedir.

Fazer a lição de casa muda a conversa. Ouça como é diferente dizer: *Quero ganhar 6 mil reais* e *De acordo com este estudo, a média da indústria para pessoas com três anos de experiência no meu trabalho é de 6 mil reais*. Esta é a declaração de um fato, a outra é apenas você dizendo que quer algo.

A segunda coisa que você pode fazer é obter uma avaliação mais objetiva do desempenho do seu trabalho, para ter uma ideia muito, muito clara e explícita sobre o que a empresa espera de você. Um feedback real dirá se você está atendendo a essas expectativas.

Como fazer isso? Você marca uma reunião com o seu gerente. Você diz que deseja conselhos sobre o crescimento da sua carreira. Peça-lhe para ajudar você a definir algumas metas claras e viáveis para o próximo ano. E para descobrir qual é o próximo passo no seu crescimento. Encontre coisas práticas e tangíveis — por exemplo, se ele disser que você precisa aprender uma nova habilidade, identifique um curso on-line gratuito e inscreva-se.

Marque essas reuniões regularmente. Mais tarde, quando chegar a hora de discutir um aumento, você poderá apresentar evidências sólidas.

Isso soa meio intrometido? Parece algo que os chefes esquisitões fariam no almoço de negócios? Sim. Mas, caramba, pode funcionar. **Se você quer uma carreira de sucesso, deve estar em uma busca constante para ser a pessoa mais útil do lugar.** Ter esse tipo de conversa pode ajudar você a descobrir como fazer isso.

FINANCIAMENTO EDUCACIONAL

PAGANDO PELA FACULDADE

Então, você sabe todas essas habilidades sofisticadas em que vai se concentrar para aperfeiçoar. E como vai fazer isso, exatamente?

Primeiro, há a tradicional faculdade. Um diploma universitário ainda tem muito prestígio, e muitas pessoas acreditam que um bom diploma é a maneira mais segura de garantir uma boa carreira.

Mas, embora isso seja certamente verdade para algumas pessoas, não é para todas. Um diploma universitário não é a única maneira de se ter sucesso na vida e pode ser um caminho caro a se seguir — não apenas em termos de dinheiro, mas também de tempo. Certifique-se de que é o caminho certo para você antes de se comprometer com ele. A taxa de evasão do ensino superior costuma ser bastante alta — nos cursos presenciais brasileiros, está a 25,9%, e é ainda maior na educação a distância (EaD), 34,3%, segundo dados de 2017 coletados pelo Semesp.[39] Portanto, muita gente financia os estudos sem nunca conseguir terminá-los.

Antes de pensar em financiar a educação superior, faça a sua lição de casa. Descubra qual é o índice de conclusão no curso de uma instituição específica (a porcentagem de pessoas que se matriculam no primeiro ano

---

[39] Fonte: <https://www.semesp.org.br/pesquisas/mapa-do-ensino-superior-no-brasil-2019/>. Acesso em: 16 jun. 2020.

e terminam a graduação). Tenha uma ideia clara de como o diploma melhorará a sua vida — e seja esperto sobre o que escolhe estudar. Existem milhares de graduados desempregados ao redor do globo.

No Brasil, há a opção da universidade pública. Em universidades privadas, o valor varia bastante conforme o curso e a instituição. Cursar Medicina, por exemplo, pode ser uma empreitada de centenas de milhares de reais. Depois de ter certeza de que está pronto para se comprometer com um diploma universitário, existem as opções de financiamento:

- Financiamento estudantil e outras iniciativas do governo (como Prouni, Fies, Sisu). No caso do Fies, você só precisa começar a pagar a dívida depois de formado.
- Bolsas de estudo. Há bolsas do governo e bolsas de empresas privadas, às vezes direcionadas a grupos específicos de pessoas ou tipos de diplomas. Converse com a instituição à qual você está se candidatando.
- Se você estiver estudando para obter um diploma concorrido, fale com uma grande empresa que contrate pessoas com esse diploma. Pode ser que você consiga uma ajuda para pagar os custos caso trabalhe para eles depois de se formar.

Além disso, pense seriamente em estudar no exterior. Muitas universidades excelentes em outras partes do mundo são muito mais baratas do que as que você encontra em seu próprio país. O mundo é grande e fascinante, e pense em como seria bacana viver uma aventura. Opções em alta incluem Noruega, Taiwan, Suécia, França e Alemanha. Ei, venha me visitar na Cidade do Cabo! É baratinho e temos pinguins hilários para nos divertir.

Você também pode solicitar ao governo uma bolsa para estudar no exterior, assim poderá ter parte dos seus estudos custeada pelo Estado.

■ OUTRAS OPÇÕES

As universidades basicamente ensinam exatamente da mesma maneira há centenas de anos. Recentemente, houve um movimento global no sentido de experimentar estilos de aprendizagem terciários mais práticos, que funcionam mais como estágios estruturados do que como aulas.

As escolas profissionalizantes — instituições que se concentram no treinamento de habilidades práticas e oferecem tanto diplomas técnicos quanto acadêmicos — podem ser uma opção para você.

Assim como nas universidades, a qualidade das instituições que oferecem cursos profissionalizantes pode variar, então pesquise com atenção. Também se informe sobre a quantidade de egressos que conseguiu se inserir no mercado de trabalho.

Várias instituições oferecem cursos rápidos de programação, por exemplo. Alguns deles são gratuitos para estudantes. Vamos precisar de muito mais codificadores nas próximas décadas para nos ajudar a preparar a guerra contra os robôs, então considere essa possibilidade.

■ EDUCAÇÃO CONTINUADA

A coisa mais incrivelmente maravilhosa de viver no novo milênio é que você pode, literalmente, *acessar as melhores palestras das pessoas mais inteligentes do mundo* enquanto está sentado em casa, de pijama. Você pode fazer o primeiro ano inteiro do curso de Ciência da Computação de Harvard na internet, de graça. Você pode ir ao YouTube e assistir a um vídeo que ensina como construir um painel solar usando coisas que você pode comprar na loja da esquina. PELAMOR DE DEUS, VIVEMOS NO FUTURO, E É INCRÍVEL.

Existem mil oportunidades de aprendizado ao seu redor, se você estiver motivado o suficiente para encontrá-las. Atualmente, você pode encontrar cursos on-line para literalmente qualquer coisa, muitas vezes de graça, ou apenas por um valor razoável ao mês. Geralmente, se você pagar uma quantia pequena, também poderá obter um certificado confirmando que concluiu o curso.

Vivemos em um mundo complexo. Aprender, nos dias de hoje, é algo que nunca deixaremos de fazer. Você precisará encontrar maneiras de aprender bem, aprender barato e tornar o aprendizado divertido. Felizmente, nunca houve tantas opções quanto agora.

RENDA EXTRA

Sabe qual é uma das maneiras mais rápidas de reduzir seu índice de gastos? Invista em um ganha-pão paralelo e economize todo esse dinheirinho extra. Pronto? Vamos fazer chover!

Acredito firmemente que todo mundo precisa de um ganha-pão paralelo, não importa o quão ocupada a pessoa seja. Por quê?

- Você aprenderá novas habilidades.
- Você aprenderá a gerenciar um negócio e a encontrar jeitos de se motivar.
- É a sua rede de segurança caso você perca o emprego de repente.
- Pode ser muito mais fácil ganhar algumas centenas de reais extras para economizar do que reduzir os gastos. Isso te dá muito mais controle sobre seu orçamento. Deseja se divertir no feriado prolongado daqui a alguns meses? Tudo bem, vá buscar o papel.
- Você aprenderá mais sobre si mesmo e sobre o que realmente ama.

ENCONTRANDO O SEU GANHA-PÃO PARALELO

Pegue a lista de habilidades que você já fez. Passe os olhos nela novamente. Dessa vez, procure habilidades que possam ser usadas de maneira simples e discreta. É difícil transformar suas incríveis habilidades de gestão de conflitos num ganha-pão paralelo (não é impossível). Mas, se você é viciado em gramática, pode facilmente fazer trabalho freelancer como revisor de textos.

Leia a sua lista e faça uma nova lista curta de ideias para coisas que você pode transformar em negócios secundários simples. Em geral, a maneira mais fácil de construir um ganha-pão paralelo lucrativo é fazendo trabalhos freelancer usando a sua habilidade principal, mas, sempre que possível, tente pensar em coisas que você possa tornar *vendáveis* — que é uma maneira elegante e comercial de dizer *coisas que você pode vender repetidamente*. Por exemplo, se desenvolveu um ótimo modelo de estratégia de marketing, você pode vender estratégias de marketing para todas as empresas locais sem precisar começar do zero o tempo todo. Os produtos são como ativos — no fim, eles podem ganhar dinheiro por você enquanto você faz outras coisas. Este livro que você está lendo? É produto do meu ganha-pão paralelo.

Depois de fazer a sua lista de ideias, segue o baile: *tente encontrar ao menos um cliente pagador* para os itens que mais te interessam. Cliente PAGADOR, não a sua mãe. Se você puder encontrar um só cliente pagador, em geral pode encontrar vinte.

Nos dias iniciais:

- Venda o produto antes de fabricá-lo. Você descobrirá como fazer isso para o seu primeiro cliente pagador. Essa primeira vez será um pesadelo: você levará séculos, terá um custo-benefício péssimo e pensará: Jesus, por que fui fazer isso? A segunda vez será muito mais fácil. A terceira vez, mais fácil ainda.
- Obtenha depoimentos de todos os clientes nos primeiros dias. Basta pedir — a maioria das pessoas irá ajudar. Você precisará desses depoimentos mais tarde.
- Faça com que os seus primeiros clientes encaminhem você para seus próximos clientes. Se eles não o fizerem, provavelmente não é esse o seu próximo ganha-pão. Tudo bem, é por isso que fizemos uma longa lista! Vá para a próxima opção.
- Mantenha a contabilidade em dia. Configure uma planilha ou use um aplicativo para acompanhar exatamente o que você vendeu, em que data, por quanto e quando foi pago.
- Depois de ter certeza de que adquiriu um produto, é muito rápido e fácil configurar um site hoje em dia usando algo como Wordpress ou Wix. Coloque todos esses depoimentos nele.
- Encontre um curso gratuito de Marketing on-line (o Google AdWords é um bom ponto de partida) e venda sua bagaça, fofo.

APRENDENDO A PRECIFICAR SEU TEMPO

Quando você começa a trabalhar como freelancer ou a cobrar por hora, pode ser difícil saber quanto cobrar pelo seu tempo. Eu gosto de abordar isso de duas maneiras:

1. Quanto você precisa ganhar?
2. O que todo mundo está cobrando?

Para obter uma estimativa aproximada do que você precisa ganhar por hora, considere a quantia que gostaria de receber todos os meses como sua renda total e divida-a por 117. Esse não é o número hiperseguro, mas é um parâmetro útil.

Não se esqueça de que, se você começar a ganhar uma quantia significativa de dinheiro com o seu ganha-pão paralelo, precisará declarar no Imposto de Renda. Portanto, lembre-se de levar isso em consideração ao definir o preço.

O verdadeiro desafio é saber o que os outros estão cobrando. Procure na internet pessoas que ofereçam o mesmo tipo de serviço que você está tentando oferecer e veja qual é o valor atual. Melhor ainda, procure algumas pessoas que você admira que já estejam fazendo isso. A maioria das pessoas é incrivelmente generosa com seu tempo e suas opiniões, desde que você as aborde educadamente. Tente enviar um e-mail dizendo algo como: *Olá! Sou um jovem (designer/ taxidermista/ domador de gnomos) e admiro muito o seu trabalho. Você se importaria se eu lhe pedisse algumas dicas?* O pior que pode acontecer é ignorarem você.

Depois de ter um pouco mais de experiência, você aprenderá que cobrar por projeto, em geral, é muito melhor do que cobrar por hora, mas saber quanto vale cada hora do seu tempo é um bom começo.

QUANTO VOCÊ GANHA POR UMA HORA DE TRABALHO?

1. Anote o quanto você ganhou no mês passado.
2. Divida esse número por vinte (este é o número médio de dias úteis por mês). É isso que você ganha por dia.
3. Divida esse número novamente por seis (ninguém realmente trabalha oito horas produtivas em um dia). É quanto você ganha por hora, mais ou menos.

É isso que você ganha ao fazer seu trabalho. Esse é um critério útil. Às vezes, você pode ganhar mais por hora fora de um emprego do que dentro dele (mas com mais riscos).

Obviamente, a quantia obtida por hora não é a única medida de se um trabalho vale o seu tempo. Durante grande parte da minha vida até os trinta anos, ganhei mais a cada hora que passei sendo a garçonete mais desajeitada do mundo do que no meu emprego real das 9 às 17h, mas sabia que esse trabalho diurno estava me ensinando habilidades que um dia tornariam o meu tempo mais valioso.

■ SIM, VOCÊ PRECISA POUPAR DINHEIRO CONQUISTADO COM O SEU GANHA-PÃO PARALELO

Lembra-se de quando falamos de contabilidade mental, lá no capítulo 1? Este é um lembrete importante: *você não pode tratar seu dinheiro do ganha-pão paralelo como dinheiro mágico e gratuito que os duendes deixaram para você.* Você trabalhou para isso e ganhou. É renda, como qualquer outra renda, e tudo conta para o seu índice de gastos. Você precisa economizar o máximo possível. Aliás, você deve economizar *mais* do que o dinheiro normal, porque pode pagar as suas contas sem ele.

O mesmo vale para assuntos como restituição de impostos e bônus de Natal. Lembra-se do princípio da *fungibilidade*? Dinheiro é dinheiro, que também é dinheiro.

■ A VIDA DE EMPREENDEDOR

Honestamente, se houver alguma chance de começar o seu próprio negócio, você deve fazer isso. Especialmente se você for jovem. Tenha em mente que a maioria das novas empresas não vai para a frente, mas são uma excelente maneira de enriquecer. E também uma excelente maneira de ir à falência.

Curiosamente, dados sobre milionários de primeira geração mostram que, de longe, a maneira mais comum de as pessoas enriquecerem é abrindo um negócio. E não uma start-up do tipo unicórnios chiques, como o próximo Facebook. Coisas sem glamour — mas essenciais — como empresas de encanamento. Há uma dúzia de livros incríveis sobre como iniciar um negócio.[40]

Mas a melhor maneira de testar se você gosta disso? Comece um ganha-pão paralelo.

NÃO EXISTE DINHEIRO DE GRAÇA

Não há como ficar rico rapidamente, mas existem muitas formas de ir à falência ao tentar fazer isso. Vamos falar sobre algumas delas.

ESQUEMAS DE PIRÂMIDE

Veja como um esquema de pirâmide funciona:
- Você entra no esquema com algum dinheiro.
- Você é solicitado a recrutar outras pessoas para o esquema. Todas elas também dão dinheiro.
- Quando novos recrutas pagam dinheiro, você recebe uma parte do dinheiro deles. A maior parte vai para a pessoa que recrutou você, e para a pessoa que os recrutou, e assim por diante.

Em outras palavras, o esquema *ganha dinheiro* apenas com a contratação de novos recrutas, o tempo todo. No fim, o esquema entra em colapso porque está tentando crescer exponencialmente (lembra dos ratos no navio?), mas não há mais pessoas a serem recrutadas. Quanto mais rápido um esquema de pirâmide crescer, mais rápido isso acontecerá. Uma hora ou outra, a pirâmide cai.

---

40 Confira um livro chamado *O milionário mora ao lado*, de Thomas Stanley e William Danko, para ver essa pesquisa.

Por fim, a pessoa no topo da pirâmide faz uma fortuna. A maioria das outras pessoas perde quase tudo, porque, no momento em que a pirâmide entra em colapso, a maioria envolvida é de recrutas novos (por causa do crescimento exponencial — é uma questão matemática, pessoal).

Você pode reconhecer um esquema de pirâmide pela agressividade com que as pessoas recrutam você para ingressar nele. Elas precisam que você participe; caso contrário, perdem tudo que colocaram. A coisa mais dolorosa desses esquemas é que as pessoas com maior probabilidade de recrutar você são amigos ou familiares. Que foram recrutados por outra pessoa. Estão encrencados. Você precisa ajudá-los a denunciar isso e sair dali antes que coloquem outro centavo nessa furada.

Há todo tipo de disfarce. Você ouvirá: *Não é uma pirâmide! É um oleoduto/ um funil/ uma mina de diamante!* Você ouvirá que é um *círculo de doações*. Pessoas tentarão te convidar para eventos, para que possam te contar tudo sobre o milagre desse sistema revolucionário. Tudo isso é apenas purpurina sobre o maior e mais fedido cocô que você já viu. Se a única maneira de ganhar dinheiro é com novos recrutas, trata-se de um esquema de pirâmide.

Essa merda é uma farsa direta, e você perderá seu dinheiro e destruirá seus relacionamentos. Fuja disso.

ESQUEMAS DE MARKETING MULTINÍVEL

Os esquemas de marketing multinível são apenas esquemas de pirâmide com uma carinha melhorada. Tentam disfarçar a sua verdadeira natureza vendendo ostensivamente um *produto*, mas 90% da ênfase está na venda de uma *oportunidade de negócio* para... Calma... Adivinhou... Que você repasse essa oportunidade para outras pessoas. Aí vem a pergunta óbvia: quem, afinal, está comprando os diabos dos produtos? Se há somente pessoas vendendo a *oportunidade* para outras pessoas, que a vendem para outras pessoas... Sacou o problema?

O mais irritante é que muitos desses esquemas conseguem se safar da lei, caminhando na fronteira entre o legal e o ilegal. Tecnicamente, podem até ser legais. Então não há nada que você possa fazer para impedir esses filhos da mãe de roubarem os outros, exceto avisar amigos e familiares para que não sejam sugados pela compra de *suplementos à base de ervas* ou *produtos de beleza*, que não passam de porcarias estocadas na garagem e levarão anos para serem vendidas e, portanto, para darem retorno ao vendedor.

É coisa do diabo. Esses esquemas atacam, justamente, as pessoas mais desesperadas. São esquemas de pirâmide fantasiados de vovó. Mas observe que dentes grandes e afiados eles têm.

ESQUEMAS PONZI E FALSOS INVESTIMENTOS

Um esquema Ponzi é semelhante a um esquema de pirâmide, na medida em que os retornos são provenientes apenas de novos recrutas. O que diferencia um esquema Ponzi é que, em geral, ele começa legalmente (como algum tipo de veículo de investimento). Mas, em dado momento, os enormes retornos prometidos não se concretizam, e o planejador de Ponzi disfarça esse fato pagando dividendos falsos que são provenientes apenas de pessoas novas que investem capital no fundo.

Com frequência, são vendidos como *investimentos de alto rendimento* ou *investimentos no exterior* ou *negociações com base no mercado futuro*, ou outras baboseiras afins que remetem a finanças, mas os retornos prometidos são bons demais para serem verdade. Esses esquemas são ilegais e, felizmente, em geral são fechados um pouco mais rapidamente do que os esquemas de pirâmide.

■ GOLPES COMUNS

Os criminosos são espertos, minha gente, e usarão todas as novas tecnologias para tentar roubar o seu dinheiro. Golpes estão por toda parte, e novos tipos aparecem o tempo todo.

Golpe nigeriano

Esses e-mails que você recebe do príncipe herdeiro da Nigéria (cara insistente... me manda e-mail o tempo todo, tadinho, deve se sentir tão só), ou do advogado de uma tia-avó falecida que morava na Virgínia e que você nem sabia que existia, ou do cara que administra um fundo de loteria de que você nunca ouviu falar? Eles dizem que vão lhe dar uma enorme quantidade de dinheiro; tudo que você precisa fazer é enviar um adiantamento para que eles possam transferir a fortuna. Aí, do nada, você nunca mais ouve falar deles.

Anúncios falsos

Hoje em dia, muita gente coloca anúncios falsos na internet. Oferecem bugigangas por um ótimo preço, mas exigem pagamento antecipado por transferência bancária. Aí você vai buscar a sua bugiganga, e o lugar nem existe. É por isso que você só deve pagar por objetos que já estiverem em mãos. Ou compre com empresas on-line que sejam confiáveis.

Empregos falsos

Jesus amado, alguém acabou de lhe oferecer um emprego dos sonhos! Só que você não conheceu o seu empregador, nem compareceu ao escritório dele para uma entrevista e, na verdade, nem se candidatou a esse emprego. Eles dizem que você precisa pagar um dinheiro adiantado porque enviarão você para o melhor treinamento de todos os tempos em sua sede nos Estados Unidos. É claro que o seu primeiro salário cobrirá essa quantia. Obviamente, você paga o dinheiro e a empresa, *pluft!*, desaparece sem deixar rastros.

Golpes do tipo "trabalhe de casa"

Você vê essa propaganda em todo lugar, principalmente naquelas janelinhas irritantes que aparecem nos sites. Dizem que Fulaninha e Fulaninho acabaram de ganhar 1 milhão de reais trabalhando de casa, e que você também pode fazer o mesmo! Fulaninha e Fulaninho não ganharam 1 milhão de reais trabalhando de casa, meus amigos. Fulaninha e Fulaninho não existem. Quando você entra em contato com essas pessoas, elas geralmente pedem que você compre um kit inicial ou manual que lhe dirá como ganhar muito dinheiro, e você ou não receberá o kit inicial, ou o seu kit inicial ensinará você a como... Espere... Adivinhou... convencer outros idiotas a comprarem o kit inicial de Como Ficar Rico Rapidamente.

Uma nova versão desse golpe em geral promove estranhas oportunidades de negociação financeira, como Forex ou opções binárias. Embora estas sejam realmente atividades reais, elas não são algo com que você queira se meter, a menos que seja extremamente experiente e rico.

Empréstimos falsos, *phishing* e fraudes

O golpe do momento é um empréstimo a 2% fixo, sem verificação de crédito nem nada do gênero. Uau! 2% para um empréstimo sem garantia? Que barganha! Exceto que a empresa é falsa e pede que você pague um valor adiantado (por algo como *honorários advocatícios*), e essa será a última vez que você ouvirá falar deles. Às vezes, esses caras fingem ser uma empresa de soluções financeiras.

Outros tipos comuns de fraudes são os e-mails que fingem ser do governo, dizendo que você lhes deve um dinheiro pendente em seus impostos, ou e-mails de *phishing* que parecem e-mails legítimos do seu banco, mas, se você clicar em um link, ele levará a um site clone que roubará os seus dados bancários on-line.

SINAIS DE ALERTA

Há uma regra importante para ajudar você a evitar fraudes: *se parece bom demais para ser verdade, provavelmente não é verdade.* Alguém está lhe prometendo enormes retornos super-rápidos? Provavelmente, não passa de um golpe. Você não consegue entender como a empresa está conseguindo todo esse lucro — parece fazer dinheiro como num passe de mágica? Então, a possibilidade de ser golpe é bem alta.

Outras questões a serem observadas:
- Eles oferecem apenas métodos de pagamento complicados, como Bitcoin. Isso em geral significa que as suas contas bancárias estão bloqueadas.
- O marketing deles inclui um monte de teorias de como o setor bancário quer arruinar as nossas vidas, além de uma autodefesa para explicar toda a publicidade negativa que existe contra eles — são apenas manifestações dos Poderes Ocultos, que tentam proteger os seus ricaços a todo custo.
- É difícil obter uma resposta clara quando você faz perguntas sobre o modelo de negócios deles.
- Eles estão vendendo um produto, mas, principalmente, estão tentando convencer você a vender o produto também.

Para confirmar se é um golpe, vasculhe os jornais e a internet e fale com outras pessoas. E, se ainda assim não tiver certeza, parta do princípio de que é, sim, um golpe.

CAPÍTULO 7

INVISTA CORRETAMENTE

PRINCÍPIOS GERAIS DE ESCOLHA DE INVESTIMENTO

Agora que você montou o seu plano e decidiu o que vai fazer com o seu dinheiro, precisa decidir onde o colocará. Isso significa falar sobre produtos financeiros e fundos.

Esta seção irá abordar os tipos de fundos dos quais você pode precisar e o que procurar quando for investir. Mas não posso dizer exatamente a qual empresa ir e por qual produto optar — em parte porque as coisas mudam e essas informações podem ficar desatualizadas muito rapidamente, em parte porque acho que poderia ser processada se fizesse isso. (A lei costuma ser estranha quando se trata desse tipo de coisa.)

Mas todos nós vamos ajudar uns aos outros a encontrar os melhores investimentos.

■ O QUE TORNA UM PRODUTO FINANCEIRO BOM?

É o tipo certo de produto?

De modo geral, tente encontrar produtos que são versões mais certinhas dos produtos financeiros básicos. Se você decidir que precisa de um fundo negociado em bolsa, ou ETF, procure um ETF tradicional e chato. Você não conhece segredos financeiros profundos que ninguém mais conhece; portanto, não vencerá o mercado tentando ser extravagante.

A instituição é confiável?

Estamos falando do seu dinheiro. Você precisa colocá-lo em algum lugar que definitivamente ainda existirá daqui a cinquenta anos. Um banco, uma corretora ou empresa de soluções financeiras real, que esteja em conformidade com a lei. Isso significa que deve investir o seu dinheiro nas grandes empresas que você conhece.

Sou bastante otimista ao confiar o meu dinheiro a determinados prestadores de serviços financeiros da nova geração, como essas corretoras de investimentos famosinhas de hoje em dia. Mas você não precisa ser.

As tarifas e comissões são baixas?

Já falamos disso. Tarifas. São. Tudo.

É fácil de usar?

Quando se trata de escolher entre dois produtos iguais, por tarifas similares, sempre escolherei aquele que possui interface melhor. Ou seja, quando consigo fazer movimentações pelo aplicativo. Posso depositar e resgatar dinheiro pelo aplicativo. Se algo der errado, posso conversar com alguém via chat ao vivo. Sou a mais pura representante millenial que se recusa a imprimir formulários, entrar em lojas físicas ou conversar com pessoas

ao telefone como se estivéssemos em 1993. Essa abordagem funciona para mim, porque, se for fácil, é mais provável que eu use.

Somos o *faça você mesmo* das finanças. As instituições antigas não tornaram seus processos tão fáceis de usar porque desejam que você use os malas dos seus intermediários. Danem-se. Faça parte da revolução. Vamos forçar esses idiotas a construírem interfaces melhores. Vote com sua carteira.

CONTAS BANCÁRIAS BÁSICAS

■ SUA CONTA BANCÁRIA

Você precisa ter uma conta bancária. Acho que você já tem uma. Na verdade, é possível que ainda tenha a mesma que você abriu quando iniciou sua jovem vida adulta. Trocar de banco é meio chato mesmo.

Não vou tentar convencer você a trocar de banco. Na verdade, não importa qual é o seu banco. São todos praticamente iguais. Alguns têm aplicativos um pouco melhores do que outros. Alguns têm menos probabilidade de fazer você ficar em uma fila. Sou uma grande fã dos novos moderninhos, mas, honestamente, mudar de banco não mudará sua vida.

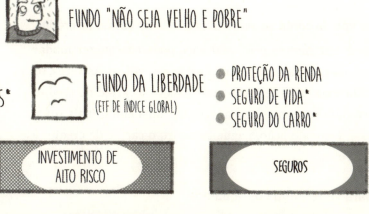

Mas *tentarei* convencer você a optar pela conta mais barata que eles oferecerem. Dane-se o seu cartão bonitão black, de platina, diamante ou o raio que o parta. Dane-se sala VIP em aeroporto. Danem-se pontos de fidelidade. Dane-se seu gerente particular. Tudo isso não faz sentido, e você não precisa de nada disso.

Com toda certeza você não ganha tantos benefícios com a sua conta chique quanto ganharia em um feriado em Lisboa uma vez por ano.

Devo escolher minha conta bancária com base no financiamento que quero fazer?

Você não precisa ser cliente de um banco para estabelecer um relacionamento com ele, só para que, quando chegar a hora, eles tenham maior probabilidade de conceder a você um financiamento. Não é mais assim que funciona. Não é como um bom e velho gerente que conhece você pelo nome e avalia pessoalmente o seu processo para decidir se você é respeitável. Os computadores tomam essas decisões agora. E computadores não entendem o conceito de lealdade. Lembre-se disso quando o levante dos robôs acontecer.

É só fornecer o seu histórico de extratos para o banco do qual quiser o financiamento. Muitas pessoas acabam com financiamentos em um banco diferente do delas porque receberam uma oferta melhor.

E bancos também não oferecem opções melhores de financiamento só porque você usa o cartão chique deles.

Não mude o tipo da conta se ainda tiver dívida no cartão de crédito

Há um, e apenas um, motivo pelo qual você pode não querer mudar para uma conta mais barata: dívida no cartão de crédito. Às vezes, os bancos oferecem uma taxa de juros mais baixa no cartão de crédito como incentivo para o cliente permanecer em uma conta mais sofisticada. Se essa é a sua situação, pague primeiro o cartão de crédito e depois mude de conta.

Critérios para se ter uma conta básica
- Barata.

- Fácil de interagir.

Pronto, é isso.

SEU FUNDO DA FARRA

É bom ter uma conta-corrente separada para o seu dinheiro do dia a dia, também conhecido como Fundo da Farra. Isso é especialmente importante se, como eu, você tiver o autocontrole de um esquilo que cheirou cocaína. Ter uma conta separada permite que você nunca tenha uma situação em que não possa pagar os seus gastos cotidianos porque gastou todo o dinheiro em roupas e sushi. Além disso, ter Fundo da Farra separado torna os gastos mais divertidos — você já decidiu que esse dinheiro é para gastos sem culpa; portanto, vá em frente e gaste.

Se você quiser fazer isso, abra uma segunda conta-corrente. Todo mês, quando fizer a Grande Revisão Mensal de Dinheiro, elabore seu orçamento, poupe o que planeja poupar e transfira o dinheiro disponível para a segunda conta. É o cartão dessa conta que você carrega e usa para comprar coisas. Alguns bancos permitem abrir uma segunda conta por meio do aplicativo. Verifique lá primeiro.

A desvantagem de se ter uma conta separada para o seu dinheiro da esbórnia? Em alguns bancos, você terá de pagar o dobro de tarifas bancárias. (Há bancos que oferecem subcontas gratuitas.)

CORTE OS CARTÕES DE CRÉDITO AO MEIO

Os cartões de crédito são como álcool: você está emprestando hoje a felicidade de amanhã. É uma linha de crédito rotativa, o que significa que, assim que você paga a dívida, é a coisa mais fácil do mundo contrair essa dívida novamente — e muitas outras.

Quero incentivar você a nunca ter um cartão de crédito. Os pagamentos mensais mínimos em cartões de crédito são um desastre e foram criados para mantê-lo em dívida para sempre, pagando juros enormes. Sobretudo no Brasil. Os juros do rotativo do cartão de crédito chegam a 300% ao ano no país.[41] O que isso quer dizer? Imagine que você tenha 2 mil reais em dívidas no cartão de crédito, a uma taxa de juros anual normal de 300% (e há bancos que cobram bem mais que isso), e pagasse o mínimo durante um ano — ou seja, 15% de cada fatura. Você nunca sairia do lugar, porque a porcentagem mensal de juros se sobreporia ao seu pagamento. A dívida chegaria a quase 2,9 mil reais em doze meses. Com o tempo, conforme você se mantivesse pagando apenas o mínimo, ficaria impagável.

Olha, os cartões de crédito são ótimos para certas pessoas. Conheço algumas pessoas ultradisciplinadas com o seu dinheiro, que usam cartões de crédito para todas as transações do dia a dia. E pagam o saldo total do cartão de crédito todos os meses. Existem benefícios sérios ao usar um cartão de crédito no lugar do cartão de débito: você pode evitar determinadas tarifas, pode reverter transações fraudulentas mais facilmente e obtém esses tais pontos de fidelidade.

Se você tiver a disciplina necessária para pagar o saldo do cartão de crédito integralmente todos os meses, vá em frente. O resto de nós? Vamos evitar essa praga para sempre, obrigada.

---

41 Acesse o site do Banco Central para obter essa e outras informações: <https://www.bcb.gov.br/estatisticas/txjuros>. Acesso em: 16 jun. 2020.

O QUE FAZER QUANDO FRAUDADORES TE PEGAM

Você já sabe o básico, como não deixar ninguém *te ajudar* no caixa eletrônico e coisas assim, certo? Além disso, tente não deixar ninguém sair da sua vista com o seu cartão. E nunca jogue fora (na lata de lixo) documentos inteiros que contenham informações importantes, como seus extratos bancários. É para tacar fogo.

Geralmente, se o dinheiro for roubado da sua conta bancária, os bancos serão responsáveis pelo reembolso. (É por isso que mantemos o nosso dinheiro no banco, oras.) Porém, pode acontecer de encontrarem uma desculpa para não pagar de volta. É péssimo.

Aqui está o que fazer quando algo der errado.

Se estiver faltando dinheiro na sua conta
1. Ligue para o banco e questione essa falta.
2. Tente fazer com que o banco rastreie as transações fraudulentas.
3. Às vezes, o banco pode reembolsar parte ou todo o valor roubado. Siga as instruções para que isso aconteça.
4. Pode ser que você tenha de fazer um B.O.

Se o seu cartão for roubado
1. Ligue no mesmo instante para a central de atendimento do cartão.
2. Peça para bloquearem o cartão.
3. Se o seu telefone foi roubado ao mesmo tempo, tente limpá-lo remotamente. Os criminosos podem usar as informações encontradas no telefone, com o seu cartão, com o objetivo de realizar ações fraudulentas mais complicadas.
4. Verifique as transações recentes no cartão com o banco. O banco as reembolsará, especialmente se você tiver entrado em contato o mais rápido possível e se as compras fraudulentas forem incompatíveis com o seu perfil.

Se você perdeu o cartão e não tem certeza se foi roubado

1. *Suspiro.* Um dia, os bancos nos deixarão colocar um bloqueio temporário em um cartão que pode ser revertido, para que não nos sintamos idiotas se encontrarmos o cartão no bolso da calça jeans ou algo assim. No momento, a maioria dos bancos não faz isso.
2. Exagere na cautela e bloqueie-o assim que perceber que não consegue encontrá-lo.

Se você descobrir que alguém abriu uma conta em seu nome

1. Esta é uma forma de roubo de identidade. Trate como um crime e denuncie à polícia.
2. Se alguém que você ama fez isso, consulte um advogado antes de denunciar a pessoa e obtenha conselhos sobre como lidar com a situação.
3. Notifique a instituição de que a conta foi aberta de forma fraudulenta.
4. Se você suspeitar que alguém tenha uma cópia fraudulenta ou roubada do seu documento de identidade, informe à polícia.

Se um débito fraudulento sair da sua conta

1. Entre em contato com o banco e relate a fraude.
2. Você pode pedir ao seu banco para reverter uma ordem de débito, mas deve fazê-lo rapidamente. Às vezes, o banco faz com que você pague uma tarifa por isso.
3. Dependendo da situação, você também pode precisar fazer um B.O.

Se sofreu um golpe

1. *Phishing* é aquele golpe em que você clica em um link que o leva a um site que finge ser o login do seu banco, mas na verdade é apenas um site falso que coleta as suas informações de login.
2. Ligue imediatamente para o banco e denuncie a fraude. Eles bloquearão o acesso à sua conta on-line e o ajudarão a configurar uma nova senha.
3. Mostre o e-mail falso a outras pessoas como um alerta para que não caiam no mesmo golpe.

INVESTIMENTOS

■ O QUE PROCURAR EM UM INVESTIMENTO PARA A SUA RESERVA DE EMERGÊNCIA

Você quer que seja flexível, mas não muito flexível. Em geral, você paga pela liquidez, o que significa que, quanto mais rápido você precisar acessar seu dinheiro, menor serão os juros. Os investimentos de acesso mais fácil também exigem mais disciplina para que você não saque o dinheiro, a menos que você realmente precise dele.

Em geral, a conta poupança não vale muito a pena no Brasil porque os juros costumam ficar abaixo da inflação (ou seja, você perde dinheiro) e são menores do que os de outros investimentos com liquidez diária, como o Tesouro Direto, por exemplo. Veja outras informações sobre esse tipo de investimento mais para a frente neste capítulo.

O ideal é um investimento de fácil acesso para o Fundo "Eita, Ferrou" (despesas de um mês que você precisa acessar imediatamente) e outro investimento com juros maiores para o seu Fundo "Virada de Mesa" (despesas de três meses que você precisa acessar em alguns dias ou semanas).

Para o seu **Fundo "Eita, Ferrou"**, obtenha a melhor opção que o seu banco atual oferece. Não vale a pena vasculhar entre os bancos, porque todos possuem opções similares — com taxas de juros semelhantes — desse tipo de investimento. É improvável que você encontre uma conta que pague mais do que a taxa Selic.[42]

Já para o seu **Fundo "Virada de Mesa"**, você deseja encontrar uma conta que pague mais que a taxa Selic, para que o monstro da inflação não coma todas as suas economias. Alguns fundos têm limite para o número de saques que você pode fazer em um ano, o que te obriga a considerar se realmente precisa sacar o dinheiro (isso é uma coisa boa!). O limite de retirada também significa que você obterá uma taxa de juros mais alta com esse dinheiro. Pode ser necessário pesquisar um pouco para achar o investimento ideal.

---

[42] Para mais informações sobre a taxa Selic: <http://receita.economia.gov.br/orientacao/tributaria/pagamentos-e-parcelamentos/taxa-de-juros-selic>. Acesso em: 16 jun. 2020.

■ O QUE PROCURAR NUM INVESTIMENTO PARA ALCANÇAR METAS

Se você tem um objetivo de investimento com horizonte (ou prazo) superior a seis meses, mas inferior a cinco anos, coloque o seu dinheiro em um investimento com o nível de risco que corresponda à sua linha do tempo.

Se está investindo para...	... opte por este nível de risco	... em algo como	... com retornos aproximados...
Menos de 1 ano	Muito baixo	Poupança, Tesouro Direto	= Inflação
1-3 anos	Baixo	Fundos de renda fixa, LCI, LCA, CDB	Inflação + 3%
3-5 anos	Moderado	Fundos multimercados	Inflação + 5%
Mais de 5 anos	Alto	Ações	Inflação + 7%

Deposite esse dinheiro em uma conta separada (não com a reserva de emergência), se puder. E, lembre-se, se você tiver grandes dívidas, não há investimento melhor do que pagar logo essa merda.

ALGUNS PRINCÍPIOS PARA INVESTIR

Qualquer dinheiro que esteja guardando por mais de dois anos deve ser investido, em vez de ser mantido em uma conta poupança ou similar. Isso significa que existem três jogos nos quais você precisa entrar para investir o seu dinheiro:

- Jogo Não Seja Velho e Pobre
- Jogo Trabalhe por sua Liberdade
- Algumas metas especiais de economia

Lembra-se do capítulo 2, quando falamos sobre a importância da diversificação? A boa notícia é que existem fundos de investimento simples que já são diversificados para você, então você não precisa se preocupar em criar um portfólio complexo composto por 621 ações individuais e algumas barras de ouro escondidas na sua gaveta de meias. A maior parte das pessoas precisará abrir apenas duas ou três contas de investimento diferentes nos primeiros dez anos como investidor. Amigos, bem-vindos ao investimento passivo.

Se você prefere apenas confiar em mim e não quer saber por que, exatamente, é uma estratégia inteligente, pode pular para a próxima seção, na qual eu vou explicar como abrir o seu primeiro investimento mágico agorinha mesmo.

■ QUANTO MAIS JOVEM SE É, MAIS RISCO SE DESEJA

Se você tem menos de 35 anos, possivelmente desejará que a maioria de seus ativos seja mantida em ações. Como você se lembrará do capítulo 2, as ações são um ativo de alto risco e alta recompensa. Quanto mais tempo tiver para investir, maior o risco que deve correr. No longo prazo, nada teve um desempenho melhor historicamente do que as ações, portanto, essa é a maneira mais inteligente de aumentar o seu dinheiro.

Quando dizemos risco, queremos dizer risco no sentido técnico, lembre-se: risco como oscilação. Não risco no sentido de *coloque seu dinheiro em qualquer buraco*.

Com o passar do tempo, você também começará a incorporar investimentos de menor risco em seu portfólio (como títulos). Existem algumas regras práticas para isso. Gosto da *regra dos 120*: subtraia a idade atual de 120. Essa é a porcentagem do seu portfólio que deve ser composta por ações. Portanto, aos trinta anos, você deve ter 90% dos seus ativos em ações. Aos sessenta anos, você deve ter 60%. Algumas pessoas trabalham com cem como o número inicial, mas essas não estão levando em conta o fato de que todos provavelmente viveremos muito tempo agora.

Os investidores, em geral, verificam a alocação de ativos no seu portfólio (ou seja, verificam qual porcentagem dos seus investimentos está em que tipo de ativo) uma vez por ano. E compram e vendem ações para voltar à porcentagem que consideram melhor. Isso é chamado reequilíbrio. Mas, geralmente, se você está apenas começando, e investindo para a sua liberdade a longo prazo, concentre-se nas ações e não se preocupe muito com mais nada.

■ FUNDOS ATIVOS E FUNDOS PASSIVOS

O maior debate do momento no mundo financeiro deve ser o grande confronto entre fundos ativos e fundos passivos. Eu acredito fortemente em fundos passivos. Mas você deve ler os dois lados do debate e se decidir.

No *fundo ativo*, um cara esperto (chamado gestor de fundos) compra e vende ativamente ações, com bastante regularidade, tentando adivinhar quais empresas terão o melhor desempenho. Esses caras recebem uma tonelada de dinheiro porque as taxas desses tipos de fundo costumam ser altas.

Os fundos ativos tentam superar padrões específicos, identificando ineficiências no mercado e explorando-as, como encontrar empresas subvalorizadas. Conseguem isso estudando o cenário: sabem mais sobre cada empresa e cada setor do que todos os seus concorrentes. Os gestores de fundos que jogam esse jogo são um pouco como caçadores de pechinchas garimpando em uma loja de antiguidades, procurando alguém que por acidente venda inadvertidamente um Rembrandt perdido há muito tempo.

Pessoas que defendem os *fundos passivos* estão jogando um jogo diferente. Em vez de vasculhar a loja de antiguidades em busca de grandes achados, elas compram a loja toda.

Os fundos passivos não tentam superar concorrentes. Não se preocupam com a concorrência entre empresas individuais, nem tentam escolher vencedores e perdedores. Em vez disso, tentam rastrear o mercado como um todo. Partem do princípio de que o preço de cada ação já reflete o seu valor com bastante precisão, justamente por causa de todos os gestores de fundos ativos. Portanto, não há muitos grandes achados a serem encontrados.

Gestores de fundos ativos analisam os fundamentos de uma empresa e tentam decidir se a ação está sendo vendida a um preço que corresponde ao seu valor intrínseco. Analisam indicadores específicos, como a relação preço/ lucro, as margens de lucro e a rapidez com que a empresa vem crescendo. Estão basicamente procurando empresas com preços mais baratos — pechinchas, em outras palavras.

O problema na maioria dos países é que há toneladas de pessoas fazendo isso, o que significa que não há mais grandes pechinchas a serem encontradas. Quaisquer riscos ou problemas previsíveis com a empresa já estão incluídos no preço (isso é chamado de *hipótese de mercado eficiente*). Isso quer dizer que tudo que poderia acontecer com a empresa já está refletido no preço. Qualquer movimento brusco no preço de uma ação é, portanto, o resultado de eventos externos que não poderiam ser previstos. Uma tese clássica sobre isso foi apresentada em *A Random Walk Down Wall Street*, um livro de 1973 no qual o autor Burton Malkiel afirma que *um macaco de olhos vendados jogando dardos nas páginas de finanças de um jornal selecionaria um portfólio tão promissor quanto um cuidadosamente selecionado por especialistas*. A propósito, há quem tenha testado isso com algoritmos. Em um famoso experimento realizado pelo *Wall Street Journal* em 1988, investidores profissionais só conseguiram vencer o índice de mercado em 51 dos cem concursos. Para a maioria das pessoas, teria sido melhor comprar o índice de mercado e economizar nas taxas de administração.

Sei que pode ser difícil olhar para o histórico do fundo que mostra o seu crescimento de 30% por ano, durante uma década, e não começar a salivar. Você com certeza vai pensar que esse é um gestor de fundos genial que encontrou uma estratégia muito melhor do que qualquer outra. Certamente, essa prestigiada empresa de investimentos, com seu histórico de sucesso, é uma aposta segura?

**INFELIZMENTE, O DESEMPENHO PASSADO
NÃO É GARANTIA DE DESEMPENHO FUTURO.**

Quando a África do Sul sediou a Copa do Mundo em 2010 (e eu não dormi durante um mês porque as vuvuzelas foram criadas pelo Satanás), houve muita confusão sobre como aquele polvo na Alemanha adivinhava vencedores e perdedores. Como ele previu com precisão os vencedores dos jogos comendo da caixinha de comida com a bandeira de cada país? Que bicho bom de adivinhação, não é mesmo? Ou talvez tenha sido pura sorte e não tenhamos ouvido falar de todos os milhares de outros polvos que passaram o dia relaxando em seus tanques tirando sarro de baiacus. (Isso é chamado de *viés de sobrevivente*.) Da mesma forma, todos os gestores de fundos foram realmente muito bons em prever como ações específicas se sairiam, ou você simplesmente não ouviu falar sobre as outras?

O investimento passivo era quase inédito até Jack Bogle, o maior investidor em finanças e meu *crush* das finanças pessoais, lançar um fundo em 1975, nos Estados Unidos, chamado Vanguard, que apenas acompanhava as quinhentas maiores empresas do mundo. Desde então, só cresceu e agora representa uma grande parte dos investimentos em muitos países desenvolvidos.

No mundo real, isso significa que os fundos passivos tentam *rastrear o índice*. Quando você ouve pessoas falando sobre o Ibovespa, é sobre isso que elas estão falando. O Ibovespa é o índice mais conhecido no Brasil. Ele reflete a movimentação dos principais papéis negociados na B3 (Brasil, Bolsa e Balcão), não só o comportamento médio dos preços, mas também o perfil das negociações – do mercado à vista – observadas nos pregões.

Esqueça os fundos ativos

Um fundo ativo individual pode obter *muito* mais sucesso do que um fundo em índice de mercado. Ou um desempenho *muito pior*.

Se você pensar logicamente, apenas cerca da metade dos fundos gerenciados ativamente pode superar o índice de mercado a qualquer momento, porque o índice é a *média de desempenho de todas as ações*. Portanto, como um indivíduo tentando escolher entre em qual fundo investir, você acha que tem 50% de chance de escolher um vencedor, certo?

Porém, as taxas de administração mudam tudo.

Aqui está um exemplo. Vamos imaginar que existem apenas dois fundos que compõem todo o mercado e você investe quantias iguais em ambos. Um sobe 10% e o outro desce 10%. Seu portfólio deveria ter mudado 0% no geral, certo? Exceto que os dois gestores do fundo recebem uma taxa de 1% e você acaba com menos do que começou. Isso significa que menos da metade de todos os fundos ativos supera o desempenho da compra.

Na verdade, existe um indicador de desempenho que acompanha o percentual de fundos que superou o índice de mercado.[43] Na última vez que olhei, 25,7% dos fundos superaram o índice S&P Europe 350 durante um período de cinco anos. Isso significa que 74,3% tiveram desempenho inferior. Três quartos das pessoas que investiram com gestores de ativos *sabichõõões* tiveram um resultado *pior* do que se tivessem investido o dinheiro em um simples fundo passivo.

E três contra um não é o tipo de probabilidade que me agrada quando estamos falando do seu Fundo da Liberdade, amore.

Aqui estão os possíveis resultados:

1. Se o fundo ativo tiver um desempenho *pior* que o fundo em índice de mercado, é melhor ter o segundo.
2. Se o fundo ativo executar o *mesmo* que o fundo em índice de mercado, é melhor ter o segundo.
3. Se o fundo ativo tiver um desempenho *melhor* que o fundo em índice de mercado, você *ainda estará melhor com o segundo*, a menos que o crescimento extra seja maior que a diferença entre as taxas.

As taxas consomem o seu retorno, o que significa que você perde e o setor vence. Ser gestor de fundos ativos é show. Você corre zero risco, obtém grande parte da vantagem se as coisas correrem bem e, independentemente de como o investimento aconteça, você reduzirá até 60% dos retornos de qualquer maneira. A diferença entre o custo dos gestores de fundos e o valor que eles oferecem é muito grande.

Não estou dizendo que *ninguém* deveria tentar escolher ações ativamente para tentar encontrar bons negócios. O investimento passivo só existe porque existem gestores de fundos ativos. Investidores ativos são as pessoas que tornam os mercados eficientes. Eles geram preços adequados para as ações. Nós precisamos deles.

---

43 Aqui: <http://us.spindices.com/spiva/#/reports> (em inglês). Acesso em: 16 jun. 2020.

Mas você e eu, na verdade, não nos preocupamos com dinheiro, ações e mercados. Então, não precisamos nos envolver nisso. Não vamos gastar tempo precioso para descobrir quem é um bom gestor de fundos. Nós nem saberíamos o que procurar.

Então, em vez disso, faremos exatamente o seguinte: algo que seja bom o suficiente.

No lugar de focar naquilo que nos assusta e não podemos controlar, vamos nos concentrar no que podemos controlar: taxas.

Isto é: esqueça os fundos ativos. Encontre um fundo passivo barato e agradável e durma melhor à noite.

A favor dos fundos ativos

Veja, existem bons argumentos a favor dos fundos ativos, em certos contextos. É bom ler essa outra perspectiva e depois se decidir.

Algumas situações em que os fundos ativos podem ser a ideia mais inteligente:

- Quando você investe em países em desenvolvimento (com sistemas financeiros menos sofisticados). Nesses casos, as informações não estão prontamente disponíveis, nem são fáceis de se obter, e os gerentes de fundos ativos costumam valer a pena.
- Quando você investe em um mercado de ações altamente concentrado, como o FTSE, em que determinada empresa pode compor grande parte do índice.
- Quando os mercados entram em colapso e tudo vira um caos. O investimento passivo é parte do motivo pelo qual a Argentina teve uma crise de dívida louca no final dos anos 1990.
- Quando você vê algumas tendências fundamentais de longo prazo que ainda não foram levadas em consideração nos preços das ações, como a mudança para energia renovável.
- Quando a sua ética pessoal não coincide com a compra de todas as empresas do índice — você quer, por exemplo, investir na Sharia, ou se recusa a investir em empresas de tabaco.
- Quando você tem dinheiro de sobra disponível, pode apostar uma parte dele em ganhar muito e tentar vencer o mercado.
- Quando escolher ações é seu trabalho e você é extraordinariamente bom nisso.

■ MORTOS SÃO OS MELHORES INVESTIDORES

Gente, quero lembrar vocês de dois dos mandamentos do capítulo 2.

Automatize as suas economias e pague a si próprio primeiro.
Não se mate tornando tudo uma escolha consciente. Não confie na força de vontade. Não tente constantemente escolher quanto gastar ou economizar. Basta configurar uma transferência automática para garantir que você poupe imediatamente após receber o pagamento.

Siga uma estratégia de investimento simples e de baixo custo.
Você deve entender no que está investindo. Encontre um fundo único que seja o mais diversificado possível, com a quantidade certa de risco para o seu objetivo. Mantenha-se firme e siga seu plano, não importa o que aconteça no mercado. Não tente dar uma de espertinho: basta adicionar mais dinheiro ao seu investimento todos os meses. Concentre-se em reduzir os seus custos, em vez de tentar vencer o mercado.

Espero que, agora que estamos aqui, você entenda melhor por que essas duas regras são tão importantes.

A maneira mais inteligente de investir seu dinheiro é configurar uma transferência automática que entra na sua conta de investimento todos os meses, no dia em que você é pago. Depois de fazer o trabalho árduo de escolher o tipo certo de fundo (com taxas muito baixas), você deve confiar em sua estratégia e não tentar escarafunchar o mercado ou fazer loucuras especulativas e perspicazes para ficar rico rapidamente.

Essa é uma daquelas áreas da sua vida em que a preguiça é sua melhor amiga. Os piores investidores são aqueles que tentam pensar demais nas coisas.

Vamos imaginar que você compre uma ação de ETF por cem reais. As ações são voláteis, portanto aumentam e diminuem. Três meses depois, seu ETF subiu 30%! *Uau!*, você pensa. Que investimento fabuloso! Você deveria colocar mais dinheiro! Então você compra mais quatro ações, agora por 130 reais cada. Você investiu 620 reais e possui cinco ações.

Mas, então, o preço cai. Seis meses depois, o preço de cada ação agora é de noventa reais. Ah, não! Agora, os seus 620 reais valem 450 reais! Você entra em pânico e vende tudo; claramente, esse é um investimento terrível. Seu investimento perdeu 27%. Carinha triste.

Se você comprar na alta e vender na baixa						
	Mês 1	Mês 2	Mês 3	Mês 4	Mês 5	Mês 6
Cotação das ações	100	120	130	60	70	90
Ações	1	1	5	5	5	5
Valor do portfólio	100	120	650	300	350	450
Investido	100	100	620	620	620	620
Retorno do investimento	0%	20%	4,84%	-51,61%	-43,55%	-27,42%

Aqui está a ironia: se você tivesse investido cem reais no começo e esquecido que seu investimento existia, perderia apenas 10%.

Agora, compare essa com outra estratégia. Se colocasse cem reais todos os meses, independentemente do preço das ações, você teria ganhado 2%. E, por menos dinheiro do que o sujeito número 1, você possui mais ações, o que significa que, quando o preço do ativo subir (o que é provável, porque você tem um bom ETF diversificado), você se saiu melhor ainda.

Se você investir a mesma quantia todo mês						
	Mês 1	Mês 2	Mês 3	Mês 4	Mês 5	Mês 6
Cotação das ações	100	120	130	60	70	90
Ações	1	1,8	2,6	4,3	5,7	6,8
Valor do portfólio	100	220	338	256	399	613
Investido	100	200	300	400	500	600
Retorno do investimento	0%	10%	12,78%	-35,96%	-20,23%	2,13%

Essa é a coisa mais engraçada sobre o cérebro humano. Quando você vai ao shopping e vê tênis radicais à venda, pensa: *Caramba, esses tênis estão sendo vendidos pela metade do preço que valem! Agora é uma ótima hora para comprar!* Quando você vê o preço das ações cair 50%, você pensa: *Que bosta, essa ação é ruim, é melhor vender!* Acabamos comprando quando as ações estão no seu nível mais alto e vendendo quando estão no seu nível mais baixo.

O que você deve fazer quando o mercado cair? Comprar mais. Infelizmente, isso é exatamente o oposto do que as pessoas fazem. É difícil não ser emotivo demais quando se trata de investimento. A melhor coisa a se fazer é *investir todos os meses a mesma quantia, independentemente de como o mercado esteja se comportando*. O termo chique para isso é *média de custo* (do dólar, da libra etc.). Eu chamo de *ser inteligente e preguiçoso*. Assim você acaba comprando ações quando elas estiverem em promoção e terá muito mais dinheiro no geral.

E esse tipo de comportamento frenético de tentar avaliar o mercado e prever o que ele fará? É chamado de especulação, não de investimento, e é o caminho mais curto para um ataque cardíaco e uma vida entediante e obsessiva lendo as seções de finanças dos jornais de negócios. Em vez disso, pense no longo prazo, e essas pequenas flutuações do mercado não lhe interessarão.

Uma das grandes empresas de investimento dos Estados Unidos, a Fidelity, fez um estudo aprofundado sobre quais de seus investidores tinham as carteiras com melhor desempenho de longo prazo. Acontece que aqueles que fizeram os melhores investimentos foram as pessoas que realmente esqueceram que tinham investimentos.

Portanto, concentre-se em investir o máximo possível em seu fundo todos os meses e deixe-o lá fazendo mágica por uma década ou duas. E tente não espiar.

CUIDADO COM BOLHAS E MODISMOS

Nos anos 1600, as tulipas foram introduzidas em Amsterdã. Os holandeses nunca tinham visto flores tão lindas, e ter tulipas no jardim se tornou um símbolo de status. As tulipas eram o Moët & Chandon daqueles dias.

O preço dos bulbos de tulipas começou a subir. Tudo normal até agora, certo? Muita gente quer comprar algo, então o preço sobe — aprendemos na primeira aula de economia. Só que, de repente, muitos comerciantes notaram que o preço estava subindo e começaram a *especular*: comprando contratos para futuras tulipas, esperando que o preço continuasse a subir, assim eles poderiam vendê-las com lucro (esse tipo de instrumento financeiro é chamado de derivativo). Isso elevou ainda mais os preços, gerando mais especulações, o que elevou ainda mais os preços. Era a febre de tulipa.

Os preços chegaram a patamares loucos. Os negociantes de tulipas vendiam tudo o que possuíam para investir em bulbos de tulipa. Tulipas estavam sendo compradas e vendidas na bolsa de valores. Chegou ao ponto em que um botão de tulipa custava cerca de dez vezes a renda anual de um artesão holandês comum.

O problema era que as pessoas que compravam e vendiam tulipas na verdade não queriam tulipas, apenas esperavam que o preço continuasse subindo.

Meus amigos, isso é chamado de bolha. E, em algum momento, toda bolha estoura.

No fim, alguém não cumpriu um contrato de tulipa, e as pessoas começaram a entrar em pânico. Todos passaram a tentar vender os seus contratos de tulipas ao mesmo tempo, mas, de repente, ninguém queria mais comprá-los. Muitos haviam enterrado todo o seu dinheiro em um ativo que agora valia quase zero. A economia do país inteiro entrou em uma depressão que durou anos.

O mesmo aconteceu durante a bolha "pontocom" dos anos 1990 e com a bolha imobiliária que levou ao *crash* de 2008. Bolhas acontecem o tempo todo. Elas vão acontecer na sua vida. Se todo mundo estiver falando sobre como você pode ganhar dinheiro rapidamente investindo em algum ativo moderninho e de alto crescimento, tape os ouvidos.

Se parece bom demais para ser verdade, provavelmente é.

INVESTINDO PARA A SUA APOSENTADORIA

▋ O QUE CARACTERIZA UMA BOA APOSENTADORIA?

Já falamos sobre como vencer o jogo Não Seja Velho e Pobre é uma das coisas mais importantes que você precisa fazer com o seu dinheiro. Você já definiu a sua meta para esse jogo no capítulo 4. Bem, acontece que o governo quer ajudar você a vencer esse jogo, por isso oferece um reforço especial na forma de incentivos fiscais. Pense nisso como aqueles cogumelos vermelhos nos jogos do Mario.

Existem diferentes tipos de pensões com benefícios fiscais. Fundamentalmente, eles se resumem à mesma coisa: você tem um portfólio de investimentos subjacente (composto de ações, títulos, propriedades, todas aquelas coisas sobre as quais falamos antes) e, quando você coloca dinheiro nessa conta, o governo não cobra impostos. Seu dinheiro é bloqueado na conta até você ficar idoso. Quando chega a essa idade, você vive com todo o dinheiro que economizou. Quando retira dinheiro da sua conta de aposentadoria, você paga um imposto; mas, até então, (presumivelmente) estará ganhando menos e pagará menos impostos. Além disso, você precisa ganhar juros sobre o dinheiro dos impostos do governo por algumas décadas, assim sai na frente.

Embora esses investimentos tenham regras tributárias especiais e tentem protegê-lo de si mesmo (ajudando a bloquear o seu dinheiro para que você não possa retirá-lo em um impulso louco de ir ao Lollapalooza), fundamentalmente, ainda são investimentos. Todos os conselhos de investimento sobre os quais falamos antes continuam válidos: você ainda deseja encontrar um fundo com as taxas mais baixas possíveis. Se você é jovem, ainda deseja ponderar fortemente sobre o seu investimento em ações. Talvez deva colocar um pouco do seu dinheiro no mercado de ações global. Pense nisso como parte do seu portfólio de investimentos que possui embalagem especial, com uma etiqueta dizendo "não abra até a idade 65".

Existem algumas regras especiais sobre o investimento subjacente de uma aposentadoria. O governo não se arrepende de investir todas as suas economias de aposentadoria comprando cards raros de Magic: The Gathering. Não é possível usar as suas economias para a aposentadoria a fim de comprar uma casa para morar (embora você possa usá-las para comprar imóveis comerciais). Mas você pode usá-las para comprar os tipos mais tradicionais de ativos, incluindo ações, títulos, ETFs, fundos de cobertura e assim por diante.

■ CONTAS DE APOSENTADORIA E IMPOSTOS

O que quero dizer com *contas de aposentadoria reduzem seu lucro tributável*? Deixe-me dar um exemplo. Jamal ganha 2,5 mil reais por mês (30 mil reais por ano), antes de impostos ou deduções. Agora, vamos verificar nossa tabela de imposto de renda e identificar quanto imposto Jamal pagaria:

TABELA PROGRESSIVA ANUAL

Base cálculo (R$)	Alíquota (%)	Parcela a deduzir do IRPF (R$)
Até 22.847,76	-	-
De 22.847,77 até 33.919,80	7,5	1.713,58
De 33.919,81 até 45.012,60	15	4.257,57
De 45.012,61 até 55.976,16	22,5	7.633,51
Acima de 55.976,16	27,5	10.432,32

Disponível em:
<http://receita.economia.gov.br/acesso-rapido/tributos/irpf-imposto-de-renda-pessoa-fisica#clculo-anual-do-irpf>. Acesso em: 26 maio 2020.

Então, Jamal normalmente pagaria 2,2 mil reais em impostos. Mas, se colocar 250 reais por mês (10%) em uma previdência privada (3 mil reais por ano), ele poderá reivindicar essas contribuições. Então, fingimos que sua renda é de apenas 27 mil reais. Isso significa que ele só deve 2 mil reais em impostos.

Em geral, a empresa que administra seu benefício ou seu empregador reivindicará seus créditos fiscais de volta para você, e assim você obterá um salário mais alto. Mas, se você é contribuinte de uma faixa mais alta ou está usando uma previdência privada, pode ser necessário preencher uma declaração de imposto para recuperar seu dinheiro.

Agora, é importante observar que você será tributado por esse dinheiro da aposentadoria — mas somente quando for retirá-lo, não agora. Tecnicamente, é um investimento. É importante lembrar disso quando estiver calculando se suas economias para aposentadoria são adequadas.

■ DIFERENTES TIPOS DE PENSÕES

Era uma vez pessoas que conseguiam empregos e os mantinham a vida inteira. Contribuíam para um fundo de pensão da empresa e, quando se aposentavam, recebiam um relógio de ouro e todas as pessoas davam tapinhas nas costas delas, dizendo: *Bom trabalho, vovô!* E a empresa as apoiava na velhice.[44]

Pois é, o mundo do trabalho mudou. Os funcionários passaram a se preocupar com *realização pessoal* e outros floreios e deixaram de ser tão leais a uma única empresa. Começamos a deixar o planejamento de aposentadorias para os indivíduos e, como resultado (inevitável), toda uma geração de pessoas se aproximou da meia-idade com quase nenhuma economia (desculpe, geração X, mas vocês, adoráveis preguiçosos, realmente dormiram no ponto). Lembra-se do que aprendemos sobre como a maioria das pessoas segue padrões, no capítulo 1? Esse foi um exemplo de padrão realmente terrível.

Felizmente, isso agora mudou. Hoje em dia, as empresas são fortemente incentivadas a ajudar os seus funcionários a economizar.[45] Esse é um sistema muito mais inteligente que leva em conta nossos cérebros bobos imbecis. Existem essencialmente dois tipos de pensões:

1. A aposentadoria pelo Estado. Você se qualifica para isso pagando para o Instituto Nacional do Seguro Social (INSS) — o empregador recolhe, ou, caso seja autônomo, você mesmo pode fazer o recolhimento. É isso que garantirá futuramente o seu benefício na aposentadoria. Vale lembrar que, para essa modalidade de pensão, houve mudanças recentes na legislação que dificultaram o acesso a esse benefício. Dentre as mudanças efetivadas estão a alteração no tempo mínimo de contribuição, instauração de idade mínima para se aposentar e o valor do benefício, que passa a ser calculado com base na média de contribuições ao longo do histórico do trabalhador. O teto da

---

44 Pelo menos, era essa a ideia. Na verdade, desconfio que isso seja mais uma fantasia sobre um sistema econômico idealizado do que um reflexo de como era a realidade para a maioria das pessoas.
45 Caso não estivesse óbvio até agora, sou secretamente uma socialista safada.

aposentadoria paga pelo Estado é R$ 6.101,06[46] mas não é todo mundo que é elegível para atingir esse patamar de salário.
2. Previdência privada. Inclui fundos de pensão que você gerencia de maneira independente. Eles podem ser usados para complementar a aposentadoria paga pelo Estado, mas são também uma opção no desemprego ou em caso de invalidez. A previdência privada pode ser dividida em duas categorias: PGBL (Plano Gerador de Benefício Livre) e VGBL (Vida Gerador de Benefício Livre). A escolha entre essas duas categorias está intimamente ligada à maneira como você faz sua declaração do Imposto de Renda. Se alguma dessas opções te interessar, consulte seu contador e/ou banco para uma escolha mais assertiva.

■ QUAL ESCOLHER?

Aqui vão minhas sugestões sobre o melhor tipo de investimento para o benefício da aposentadoria:
1. Se você trabalha por conta própria, a abertura de uma previdência privada precisa ser uma prioridade. Gente, eu sei que é difícil quando você está pagando seu próprio salário encontrar espaço para economizar, mas você não quer perder o jogo Não Seja Velho e Pobre. Não é um jogo bonito de se perder.
2. Você tem uma pensão da empresa com um aumento de economias? Contribua o suficiente para obter o máximo de economia possível. Não fazer isso é como recusar um aumento: você está jogando fora dinheiro grátis. No entanto, também é muito importante que você observe bem como esse dinheiro está sendo investido, porque é o seu dinheiro e você deve viver com as consequências das altas taxas ou alocação inadequada de ativos para a sua idade. A desvantagem de uma pensão da empresa é que você não tem como dizer como o dinheiro é investido e quais são as taxas. Ao escolher a sua, você poderá usar todo o novo e

---

46 Fonte: <http://www.previdencia.gov.br/2020/01/portaria-oficializa-reajuste-de-448-para-beneficios-acima-do-minimo-em-2020/#:~:text=O%20reajuste%20vale%20desde%201%C2%BA,R%24%205.839%2C45).> Acesso em: 15 jun. 2020.

sofisticado conhecimento que adquiriu sobre o que faz um bom investimento e escolher um fundo que trará retornos muito melhores a longo prazo.

Você pode ter uma aposentadoria pessoal e uma do governo ao mesmo tempo. Se você não acha que o benefício do governo seja suficiente (ou seguro, já que a lei sempre pode mudar), você deve economizar de forma independente.

Quais são as chances de você ter um emprego pelo resto da vida? Basicamente nulas, certo? Mas, ao deixar um emprego, os recolhimentos feitos pela empresa continuam sendo administrados pelo governo, claro. Esse dinheiro permanecerá investido e continuará lá até você se aposentar. É muito fácil, porém, perder a noção exata de quanto dinheiro você tem, mas você pode acessar o seu extrato do INSS.[47]

CALCULE E AVALIE A SUA APOSENTADORIA

Acesse nosso painel (link na página 58) e abra a calculadora de aposentadoria. Isso informará quanto dinheiro você deve economizar todos os meses. Depois que souber disso, eis o que você deve fazer:

Recorrer ao benefício do governo ou a um fundo da empresa?
Converse com a pessoa do seu RH e descubra:
- Você está fazendo o total de contribuições que a sua empresa pode fazer? Por exemplo, se economizar mais, sua empresa corresponderá à sua economia?
- Do que é feito o investimento subjacente? Ele é uma opção no seu caso?
- Quais são as taxas do investimento subjacente?

Se você estiver satisfeito com as respostas, vá em frente e peça à pessoa de RH que o ajude a começar a contribuir mais. Caso contrário, forneça um exemplar deste livro e peça para lerem o capítulo sobre contas de investimento! Converse com eles sobre o que é um bom investimento,

---

[47] Acesse <https://www.inss.gov.br/servicos-do-inss/extrato-de-pagamento-de-beneficio/>. Acesso em: 16 jun. 2020.

mostre alguns gráficos sobre como as taxas diminuem seus retornos e veja se você pode convencê-los a trocar fundos.

Investir em uma previdência privada?
Para a aposentadoria, você pode optar por uma previdência privada, pelo Tesouro Direto ou outro investimento de longo prazo. Pode haver incidência de imposto de renda e taxas de administração nesses produtos. Faça a sua lição de casa para saber qual vale mais a pena, desde que você economize já essa grana, pelamor de Deus. Comece até o fim desta semana! O tempo é muito importante quando se trata disso, e não está a seu favor.

Aqui está o que você deve procurar:
1. A maior parte do fundo é investida em ações (use a regra 120 como diretriz) com mais títulos misturados, caso você tenha mais de quarenta anos.
2. Uma mistura de investimentos locais e internacionais.
3. As taxas de administração mais baixas que você puder encontrar.
4. Uma empresa de investimentos legítima (dê um Google).
5. Nenhuma penalidade estranha se você decidir mudar o seu investimento para uma empresa diferente depois (talvez seja necessário fazer essa pergunta explicitamente).

Não fique paralisado na busca pelo perfeito Fundo Unicórnio. Encontre um suficientemente bom e abra já.

E, se estiver confuso, converse com um consultor financeiro e peça ajuda. Mas, sério, faça isso logo! Essa é uma das coisas mais importantes que você pode fazer na sua vida.

> **Você acha que poderia viver com cerca de 250 reais por semana?**
> No Brasil, 66% dos aposentados — que contribuíram com a proporção de um salário mínimo ou menos ao longo dos anos — ganham um salário mínimo e vivem hoje com cerca de mil reais por mês.[48]
> Você não fará um cruzeiro nas Bahamas com essa grana, amore.

---

48 Estatística de 2016. Em 2020, o salário mínimo subiu para R$1.045. Para consultar o histórico de valores desse benefício, veja: <http://www.ipeadata.gov.br/Ex3ibeSerie.aspx?stub=1&serid1739471028=1739471028>. Acesso em: 18 jun. 2020.

INVESTINDO PARA A LIBERDADE

Uma vez que tiver garantido que não será Velho e Pobre, passou por Saia da Droga da Dívida e construiu um Fundo "Virada de Mesa", você vai querer construir um portfólio de investimentos bem suculento.

■ CONHEÇA O ETF

A maioria das pessoas que lê este livro pode se sair bem apenas investindo em algo chamado ETF, fundo de índice global de baixa taxa de administração. E que diabos é isso?

ETF é algo como *Fundo Negociado em Bolsa* (do inglês, *Exchange-Traded Fund*). Basicamente, ele se comporta como qualquer outra empresa listada na bolsa de valores — você pode comprar e vender ações da mesma forma que uma empresa comum. Mas o importante é que um ETF é essencialmente como comprar todo o mercado. O fundo rastreia o índice, que é como o indicador de desempenho de como todos se saíram como um todo.

Isso significa que, se o mercado de ações como um todo subir 2%, o fundo também aumentará 2% (ou quase 2% — nunca é exatamente idêntico). É o mesmo que se você comprasse ações de todas as empresas da bolsa de valores, na mesma proporção dos seus valores. Exceto que você não precisa lidar com esse dramalhão: basta comprar ações em um único fundo, e esse fundo detém automaticamente todo o mercado para você.

Optar por investir em um fundo como esse é mágico porque é fácil. É a estratégia perfeita para iniciantes. É a estratégia perfeita se você não está confiante de que consegue vencer o mercado ativamente cronometrando fundos ou escolhendo as empresas vencedoras. Também é a estratégia perfeita caso você não tenha segurança de que pode escolher os melhores gestores de fundos que farão isso por você.

> **SE VOCÊ NÃO CONSEGUE**
> **VENCER O MERCADO, COMPRE-O.**

E aqui está a parte realmente mágica. Essa é provavelmente a melhor estratégia para a maioria dos investidores comuns, não apenas para os iniciantes. Ao seguir essa estratégia, que é a coisa mais fácil do mundo, você tem uma boa chance de se sair *melhor* do que todos aqueles caras que têm carteiras sofisticadas e plataformas de negociação de ações sofisticadas com empresas de investimento sofisticadas. Isso não significa que essa é a única coisa que você pode fazer com o seu dinheiro, ou que representa 100% do que fará você ganhar mais dinheiro ao longo da sua vida. Mas, se eu tivesse de recomendar apenas um produto financeiro para a maioria das pessoas, seria esse.

■ INVISTA EM FUNDOS GLOBAIS

Ao iniciar sua vida nos investimentos, o ideal é fazer boa parte deles em nível global. Por quê? Porque a diversificação diminui o risco. É mais seguro investir em dez empresas do que em uma. É mais seguro investir em cem empresas do que em dez. A melhor forma de diversificar é investindo nas grandes empresas do mundo.

Investir em um fundo global também significa que você começa a se proteger do risco-país — a possibilidade de a economia do seu país passar por períodos difíceis. Mesmo que você nunca planeje morar no exterior e tenha 100% de certeza de que todas as suas despesas serão sempre em reais brasileiros, muitos dos produtos em que você precisa investir são de fora do país. Quando a moeda de seu país se tornar menos valiosa, você sofrerá as consequências. Ter dinheiro investido em ativos estrangeiros protege você disso. Tudo o que possui está no Brasil, então é bom colocar o máximo possível no exterior para equilibrar esse risco.

Os fundos globais oferecem a incrível vantagem de poder investir nos negócios mais poderosos do mundo, independentemente de onde você tenha nascido. Pense nas empresas mais inovadoras que conhece e em quantas delas vêm de outros países: Apple, Toyota, Alibaba, Volkswagen, Unilever, Amazon, Tesla... Você pode comprar um pedaço de todas elas. Toda a Europa representa apenas 20% do valor das bolsas de valores do mundo, então por que europeus muitas vezes investem 100% do seu dinheiro na FTSE?

A maioria dos fundos globais é bastante influenciada pelos Estados Unidos (assim como a economia mundial). Historicamente, eles alcançam de 4% a 5% acima da inflação por ano, em termos de dólares americanos (seus retornos reais dependerão do desempenho do real brasileiro). Existem fundos de mercados emergentes separados, que se concentram no Brasil e em países como Vietnã e Ruanda. Em longo prazo, eles podem superar o crescimento dos fundos de mercados desenvolvidos (esses países estão começando de uma base mais baixa e são abençoados pela presença de muitos jovens), mas são mais arriscados. Você pode obter um verdadeiro fundo global que inclua essas economias emergentes (como uma pequena porcentagem) ou um fundo de mercado desenvolvido que os exclua.

Mas você deve considerar o seu fundo global como parte do seu portfólio. Você provavelmente não deseja 100% de todos os seus ativos em um fundo global. Mas, se você comprar uma casa, esse provavelmente será o seu maior patrimônio, e é bem difícil colocá-la em um barco e sair por aí. E todas as suas economias de emergência serão em dinheiro. Portanto, na primeira vez que abrir uma conta de investimento, considere um fundo global.

Você é um cidadão do mundo — quem sabe para onde essa aventura louca que é a sua vida pode levá-lo? Invista de acordo.

Para investir em Bolsas internacionais, é possível escolher fundos que incluem índices internacionais em sua composição, como o S&P 500, mas também é possível fazê-lo por meio de ETFs ou de uma corretora no exterior — sendo esta última uma opção cara, então talvez valha a pena a escolher somente se você tiver muito dinheiro. Identifique qual opção melhor se adequa ao seu perfil e vá em frente!

Alguns índices globais

- Índice Global FTSE All-Cap: Abrange mercados desenvolvidos e emergentes. Cerca de 50% de empresas americanas.
- MSCI World Index: Somente mercados desenvolvidos.
- MSCI All-Country World Index: Abrange mercados desenvolvidos e emergentes.
- S&P 500: 100% de empresas americanas.

- S&P Global 1200: Uma amálgama dos sete maiores índices (abrange Estados Unidos, Europa, Japão, Canadá, Austrália, Ásia e América Latina).
- S&P Global 100: As cem maiores empresas do mundo (multinacionais).
- S&P Global BMI (Mercado Amplo): Abrange os mercados desenvolvidos e emergentes.

ECONOMIA COM INCENTIVOS FISCAIS

No Brasil, há alguns investimentos associados a determinados benefícios fiscais, tais como CRA, CRI, LCI, LCA, LH, debêntures incentivadas, dividendos de fundos imobiliários e a famosa caderneta de poupança. Conheça a seguir um pouco mais sobre esses produtos:

- CRA (Certificado de Recebíveis do Agronegócio) / CRI (Certificado de Recebíveis Imobiliários): Ambos são títulos de renda fixa emitidos por companhias securitizadoras (instituições não financeiras constituídas sob a forma de ações). Sua rentabilidade pode ser pré-fixada, pós-fixada ou híbrida. É isento de IR e não possui FGC (Fundo Garantidor de Crédito).
- LCI (Letra de Crédito Imobiliário): É um título de renda fixa emitido por bancos com carteira de crédito imobiliário, pela Caixa Econômica, por companhias hipotecárias, pelas APEs (Associações de Poupança e Empréstimos) e pelas SCIs (Sociedades de Crédito Imobiliário). Sua rentabilidade pode ser pré-fixada, pós-fixada ou híbrida. Além disso, é isento de IR e possui FGC.
- LCA (Letra de Crédito do Agronegócio): Título de renda fixa emitido por instituições financeiras públicas e privadas. Sua rentabilidade pode ser pré-fixada, pós-fixada ou híbrida. É isento de IR e possui FGC.
- LH (Letra Hipotecária): É um título de renda fixa semelhante à LCI, diferenciando-se dela apenas na emissão (lastro de garantia), pois a LCI é originária da garantia de alienação fiduciária, ao passo que a LH é originária da garantia hipotecária.

- Debêntures incentivadas: São títulos emitidos por empresas que atuam em áreas de infraestrutura (construção de estradas e aeroportos, por exemplo) e, em função do benefício estrutural ao país, o governo permite a essas empresas emitir títulos com incentivo fiscal (isenção de IR). Não possuem FGC.
- FII (Fundos de Investimentos Imobiliários): Comercializados por intermédio de cotas compostas por ativos ligados ao setor imobiliário (ações, debêntures, LCI, cotas de FIs etc.). Tributação: Seus dividendos são isentos de IR; ganho de capital tem 20% de IR.
- Tesouro Direto: Nesses títulos emitidos pelo governo federal, existem várias modalidades de aplicação, como IPCA (cuja rentabilidade está atrelada à inflação por meio do Índice Nacional de Preços do Consumidor Amplo — ou IPCA — e que em geral é usado para resgate a longo prazo). Há também o Prefixado (título no qual você sabe de antemão o rendimento do seu dinheiro durante todo o período de vigência da aplicação, pois essa taxa é independente da variação da taxa de juros do mercado) ou Selic (título pós-fixado cujo rendimento está submetido ao valor da taxa Selic, como o próprio nome sugere). Mas preste atenção às regras de cada um, pois no caso do IPCA e do Prefixado, você pode perder dinheiro ao fazer o resgate de seu dinheiro antes do vencimento do título. O investimento no Tesouro Direto pode ser aplicado sem nenhum intermediário: você pode simplesmente usar o seu CPF e uma conta para transitar os valores. No site oficial, o investidor pode consultar diversos títulos e seus vencimentos, que podem ser para médio prazo (para resgate em até 5 anos, por exemplo) ou longo (para resgate depois de 30 anos ou mais). Consulte todas as opções no site do Tesouro Direto.[49]
- Caderneta de poupança: É o produto de investimento mais difundido no Brasil. Possui data de aniversário (quando é creditada a rentabilidade mensal) e, com isso, resgates fora da data de

---

49 Site do Tesouro Direto: <https://www.tesourodireto.com.br/>. Acesso em: 17 jun. 2020.

aniversário implicam perda de rentabilidade. A rentabilidade para poupanças abertas antes de maio de 2012 é composta por 0,5% + TR (taxa referencial). Para contas poupança abertas após maio de 2012, atrela-se a Selic (Selic superior a 8,5% a.a. = 0,5% a.m. + TR, e Selic igual ou inferior a 8,5% a.a. = 70% Selic + TR). Possui isenção de IR e conta com FGC.

EXERCÍCIO: VAMOS ENCONTRAR UM FUNDO DE INVESTIMENTO PARA VOCÊ

Há duas coisas de fato relevantes a se levar em conta quando você procura um fundo de investimento: a alocação de ativos (no que seu dinheiro é investido) e as taxas a pagar por esse investimento.

Apenas para te lembrar da importância de se refletir sobre as taxas, se você estiver falando de um retorno pós-inflação de 7%:

- Taxas de 3% = 43% de seus retornos.
- Taxas de 2% = 36% de seus retornos.

É bom lembrar que, quando você considera as taxas, a taxa real (pós-inflação) é a melhor maneira de comparar alhos com alhos (e não bugalhos).

Por último, eis o que você deseja do seu primeiro investimento: um ETF de índice global com as taxas mais baixas possíveis que puder encontrar. Você quer que seja de uma instituição confiável. Que seja a coisa mais fácil do mundo fazer o investimento. Você quer que seja algo em que possa investir apenas uma pequena quantia de dinheiro, e algo em que possa fazer depósitos facilmente todos os meses.

Há muitos fundos excelentes que atendem a todos esses critérios, e muitos estão sendo lançados o tempo todo. Por fim, faça a sua lição de casa e pergunte a um consultor financeiro se não tiver certeza. Mas não fique aí parado — você consegue! Eu acredito em você!

INVISTA CORRETAMENTE

SEGUROS

Psiu... Ler sobre seguros parece chato pra cacete, né? Se você tem zero vontade de lidar com isso agora, aqui está a minha opinião pessoal sobre os tipos de seguro realmente cruciais, caso você possa pagar por eles. Se tiver esses, já está ótimo por enquanto. Mas cada vida é única, e você pode precisar de diferentes tipos de seguro, então prometa que vai voltar e ler este capítulo mais tarde, o.k.?

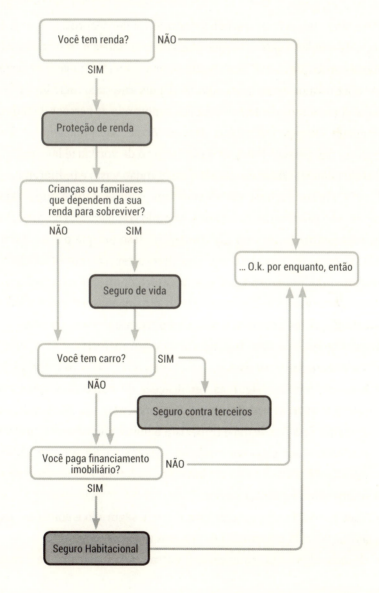

Seguro é um troço esquisito. É como fazer uma aposta que realmente não quer ganhar. Você diz: *Aposto que vou morrer este ano!* E a seguradora responde: *Aposto que você não vai!* Eita, coisa estranha.

O seguro foi um dos primeiros tipos de produtos financeiros que os humanos inventaram. Vem dos dias em que os marinheiros partiam de Veneza apostando que morreriam no mar; pagavam à seguradora algum dinheiro para garantir que, se morressem mesmo, suas famílias não ficariam à míngua.

Hoje, consultores financeiros adooooram vender seguros. Em parte, eles gostam de vender seguros porque ganham comissões muito boas (e, diferentemente do que ocorre nos investimentos, não adianta você pressionar para saber o valor exato dessa comissão, pois está tudo meio junto e misturado). Além disso, vendem-se seguros lembrando as pessoas de tudo que elas temem. Doença. Deficiências físicas. Morte. Coisa macabra pra valer. A maioria das pessoas lhe dará o dinheiro só de você fazê-las pensar em sua própria mortalidade em meio a esse mundão vasto e indiferente.

E, veja, alguns seguros são mesmo importantes. Muito importantes. Também são relativamente baratos, quando colocados na balança. Você definitivamente deveria ter algum seguro. Isso porque o risco é distribuído de maneira desigual: sua seguradora tem milhares de clientes; portanto, qualquer coisa ruim que aconteça com você não terá grande impacto sobre eles. Você, por outro lado, tem *apenas um você*, então uma coisa ruim que lhe aconteça é muito importante em seu mundo.

De modo geral, seguros funcionam da seguinte forma:
- Você se inscreve no seguro.
- A seguradora faz algumas verificações de antecedentes para descobrir o quão arriscado você é. Se apresentar um risco maior (for domador de leões de dia e trapezista à noite), eles oferecem um valor mais alto a ser pago por você todos os meses. Se apresentar pouco risco (você trabalha em um banco e seu hobby é fazer crochê), eles indicam uma quantia menor.
- Você concorda exatamente com o que é segurado e começa a pagar as parcelas da companhia de seguros todos os meses.
- Quando algo ruim acontece, você entra em contato com a seguradora.

Primeiro, eles investigam para se certificarem de que tudo tenha ocorrido como você relatou e que o seu seguro realmente cobre aquela coisa específica. Então (se Deus quiser), pagam o valor.

Seguros funcionam porque nada de ruim acontece a muitas pessoas, então estas pagam pelo que acontece de ruim com algumas poucas. Você está juntando os seus riscos aos de um monte de estranhos, para que coisas ruins tenham menos impacto em cada um de vocês.

▍ COLOQUE SEGURO NO QUE PODE TE LEVAR À FALÊNCIA

Embora a maioria dos seguros seja relativamente barata, ainda assim, quando paga por um seguro, você está desviando dinheiro das suas economias. Portanto, em geral, você não deve seguir as duas estratégias ao mesmo tempo, especialmente quando se trata de pagar seguros por coisas idiotas.

Pense por esse lado. Você pode pagar um seguro pelo seu celular por, aproximadamente, vinte reais por mês (se for um smartphone padrão). Não é muito, mas, em um ano, você poderia ter economizado 240 reais, ou 1,2 mil reais em cinco anos. E se você não tiver seguro e o celular for roubado, qual é a pior coisa que pode acontecer? Talvez você tenha de usar um aparelho baratinho por alguns meses enquanto economiza para comprar um novo. Não é o fim do mundo. Você pode até testar se continua tão bom no jogo da cobrinha quanto quinze anos atrás.

Seguros pagos por muitas pequenas coisas vão se somando, e isso nunca vai deixar você ficar rico. Embora algumas das melhores companhias de seguros reembolsem parte do dinheiro caso você não use o serviço, certamente ninguém vai te devolver o dinheiro *todo*. Poupar, por outro lado, é como obter um bônus anual de 110% sem burocracia. Não é muito melhor?

Entenda que também é difícil dar uma de esperto quando se trata desses pequenos tipos de seguro. As seguradoras contratam atuários muito inteligentes para preverem exatamente o que vai acontecer com você — eles sabem mais do que você mesmo. É como no cassino: a casa sempre vence.

Como regra geral, pague seguro *apenas pelas coisas que podem levar você à falência*. Uma conta hospitalar quilométrica pode levar alguém à falência. Colidir com o Porsche de outra pessoa pode levar um motorista à falência. Ter de passar um ano sem poder trabalhar porque está se recuperando de um acidente pode levar um profissional à falência. Agora, o roubo do seu belo relógio? Não levará você à falência. Aprenda a viver com esses pequenos contratempos e preocupe-se apenas com as coisas realmente terríveis.

Lembra-se do seu cérebro primitivo e imbecil? Algumas maneiras bem específicas são adotadas para enganar você quando se trata de seguros.

Sentimentalismo (o efeito da dotação)

Você valoriza mais as coisas só porque é proprietário delas. Para qualquer outra pessoa, não passa de um Volkswagen de doze anos. Para você, é o Zé, o carro em que você perdeu a virgindade. O Zé é muito precioso para você. Nenhuma quantidade de dinheiro no mundo poderia compensar a perda do Zé! Isso significa que você provavelmente supervalorizará o Zé e gastará mais dinheiro protegendo-o do que ele realmente vale. Dói, mas é verdade.

Aversão à perda

Levando mais longe, o cérebro humano tem essa peculiaridade: odiamos perder coisas que possuímos — muito mais do que gostamos de ganhar coisas de valor equivalente. Por exemplo, você ficaria muito mais triste se perdesse cinquenta reais do que ficaria feliz caso encontrasse cinquenta reais.

Viés de disponibilidade

Você acha que as suas chances de ser assassinado em um beco escuro são muito maiores do que realmente são. Isso porque você se lembra de um monte de histórias sensacionalistas sobre acontecimentos assim. Histórias sobre violência são fascinantes para nós, então os jornais as publicam e os leitores as devoram. Por outro lado, você provavelmente subestima as suas chances de ter diabetes ou problemas cardíacos por não se exercitar o suficiente, porque não consegue se lembrar de tantas histórias sensacionalistas e emocionantes sobre pessoas que morrem de ataques cardíacos. Portanto, se eu perguntasse o que é mais importante: gastar cinquenta reais por mês para ter um seguro contra sequestros, crimes violentos e terrorismo, ou gastar cinquenta reais por mês para ter um seguro que cubra diabetes — alguns de vocês ficariam mais tentados a escolher o primeiro, mesmo que a probabilidade de desenvolver diabetes seja muito maior do que a de ser esfaqueado.

Segurança exagerada

Por mais estranho que pareça, somos seguros demais com as coisas *erradas*. Imaginamos vividamente alguém nos matando a machadadas no meio da noite. Mas ainda há uma pequena parte de nós que acredita que nunca ficaremos velhos e frágeis, ou que nunca ficaremos desempregados, ou que nunca ficaremos gravemente doentes. Essas dificuldades chatas e cotidianas nunca acontecerão conosco, porque somos diferentes das outras pessoas. Obviamente, estamos nos enganando.

Somos seguros demais com relação às coisas ruins que quase certamente acontecerão conosco, como idade e morte (a menos que algum desses bilionários magnatas resolva o probleminha da imortalidade); em vez disso, nos preocupamos muito mais com as tralhas que juntamos em casa e com fatalidades específicas e raras que quase nunca acontecem.

Portanto, pare de se preocupar com o seguro do seu celular por um segundo e vamos falar de coisas mais importantes.

▌ UM SEGURO PARA SUA RENDA

O bem mais valioso que você possui é a própria capacidade de obter renda. Seu corpo, seu talento e esse cérebro lindo e sexy que fica dentro da sua cabeça. Isso vale muito mais do que o seu carro ou qualquer outra coisa que você tenha. É a coisa mais importante a ser assegurada. Lembra-se do capítulo 2, quando você estimou os seus ganhos ao longo da vida? Lembra-se do **quão grande era esse número**? Vale a pena protegê-lo.

Agora, o que poderia colocar esse seu bem em risco?

1. Doenças de longo prazo, como câncer ou diabetes, que custam muito dinheiro. Para isso, você deseja um seguro com *cobertura de doença grave*.

2. Invalidez que o impeça de trabalhar (isso inclui doenças cerebrais degenerativas que podem ter impacto em suas habilidades cognitivas). Para isso, você quer um seguro com *proteção de renda*.

3. Você morre. Se outras pessoas dependem do seu salário, o ideal é ter um *seguro de vida*.

Sim, esta seção é bem deprimente, desculpa aí. Se isso fizer você se sentir melhor, imagine-se morrendo afogado em uma piscina inflável de calda de brigadeiro.

Cobertura de doença grave

Como funciona

Você descobre que tem uma doença grave (como câncer) e, por um tempo, fica muito doente. Nesse caso, recebe uma indenização com base na gravidade da sua doença. Esse seguro não se aplica às suas principais contas médicas (para as quais você conta ou com o SUS e/ou com um plano de saúde particular), mas pode cobrir tratamentos especiais e cuidados avançados. Também pode pagar pelas reformas necessárias na sua casa, como instalar corrimões no banheiro, e por aconselhamento terapêutico para ajudar você e a sua família a lidarem emocionalmente com a situação.

Dependendo da gravidade da doença, você receberá uma porcentagem do valor total da cobertura. Digamos que você esteja segurado por até 100 mil reais, mas se trata de um pequeno câncer de pele — pode ser que você receba apenas 10% do valor total da cobertura.

O que cobre

Em geral, ataques cardíacos, câncer ou derrames.

Proteção financeira

Como funciona

Você sofre um acidente ou fica incapacitado por algum motivo, o que o impede de trabalhar por um período de tempo ou para sempre. Ou, por invalidez total ou parcial, você não consegue mais realizar o tipo de trabalho que costumava realizar antes. Em geral, por meio desse tipo de seguro, você recebe um benefício mensal pelo tempo em que não trabalhar. No Brasil, em caso de invalidez permanente, pode-se também recorrer ao INSS.

O que cobre

Ferimentos temporários (uma fratura, por exemplo) ou deficiências permanentes (como perda de visão ou lesão cerebral) que prejudicam a sua capacidade de obter renda. A maioria desses planos também substitui seu salário se você tiver uma doença grave e não puder trabalhar por alguns meses porque está muito doente.

SEGURO DE VIDA

Como funciona

Você morre. Bate as botas. Vira presunto. Vai comer capim pela raiz. Isso significa que você não tem mais que lidar com problemas de dinheiro, eba! Mas quem depende de sua renda agora tem mais problemas. Os seus familiares podem, então, receber uma quantia para pagar o enterro, quitar dívidas pendentes que você possa ter deixado e cobrir a renda perdida que os sustentava.

O que cobre

Ataques de tubarão, afogamento em panela de brigadeiro, essas coisas. Cada apólice de seguro é um pouco diferente, então leia todos os benefícios e faça muitas perguntas para entender exatamente o que está sendo coberto.

Para a maioria das pessoas, o mais importante nesse tipo de seguro costuma ser a *proteção financeira*. Você pode obter planos combinados que contêm todos os tipos de benefícios em uma só apólice, mas às vezes pode ser melhor separá-los.

O seguro de vida é importantíssimo se você tiver família ou outras pessoas que dependem do seu salário para sobreviver. Mas muitas pessoas adquirem seguros demais. Verifique se sua empresa já oferece seguro de vida. Você provavelmente não precisa de um seguro de vida se não tem dívidas e não sustenta ninguém.

Honestamente, ir atrás de seguro é uma missão. A maioria das companhias de seguro não informa valores em seus sites, para que você não possa comprar de forma independente. Em geral, é preciso passar por um *call center* (argh!) ou conversar com corretor (duplo argh!). Essa é uma das poucas vezes em que sugiro que procure um consultor financeiro e peça que ele faça isso por você, sobretudo porque a papelada é um inferno. Se quiser mesmo ir atrás disso, vá para a seção sobre a escolha de um consultor financeiro, no próximo capítulo.

FALANDO SÉRIO: PROTEÇÃO FINANCEIRA PARA CASO DE PERDA DA RENDA É IMPORTANTE. INVISTA EM UMA.

SEGURO PARA SUAS COISAS

De modo geral, não compre seguros para os seus pertences, exceto dois.

Seguro de carro

Vale a pena, definitivamente, pagar por um seguro de carro. No mínimo, tenha o seguro de carro contra terceiros, para caso de o seu carro causar danos em outros automóveis e/ou pessoas. Isso é muito importante porque, embora você possa dirigir um Kadett 1993 (e bom para você, porque é bem estiloso), você pode acabar colidindo com um Audi novinho em folha, e aí foi-se todo o seu dinheiro.

Você deve adquirir um seguro de carro abrangente (que também cubra os danos no seu carro)? Depende. Se você financiou o carro (pois não deveria! Lembra o que dissemos sobre nunca financiar carros?), provavelmente sim. Além disso, se não houver como ir trabalhar sem carro, então definitivamente sim. Se o seu carro for uma sucata comprada à vista, e você comemora toda vez que consegue ligar o motor, desencane do seguro abrangente e concentre-se na doce multiplicação de economias.

Ou, melhor ainda, tente nem ter carro. Ter carro é bobagem.

Seguro residencial

Se você tiver um seguro de carro abrangente, pode ser bem barato incluir nele o seguro residencial (que pode cobrir, entre outras coisas, reparos elétricos e vazamentos), então talvez valha a pena fazer isso. Caso contrário, esqueça. Poupar dinheiro para possíveis emergências é melhor.

Caso você seja proprietário, alguns outros seguros podem ser necessários, como o seguro habitacional (para o caso de você ter financiado o imóvel) e o seguro de condomínio (que cobre as áreas comuns e as estruturas) — este último protege você de incêndios, inundações, do Godzilla e dos Vingadores, entre outras catástrofes.

FAZENDO UM TESTAMENTO

Se você morrer sem deixar um testamento, a lei determina quem recebe o seu patrimônio (que só vai para o Estado caso você não tenha parente nenhum para sucessão). São herdeiros necessários — os que têm parte legítima na herança — os descendentes (filhos), os ascendentes (pais) e o cônjuge sobrevivente.

Se você estiver satisfeito com esse funcionamento (para saber mais, procure por *direito de herança* e *partilha de bens*), não tiver uma vida financeira muito complicada e, principalmente, se tiver filhos e quiser deixar todo o seu patrimônio para eles, não precisa se preocupar com um testamento. Shh, não vou contar para ninguém.

Mas, se tem outras pessoas (além dos chamados *herdeiros necessários*) que dependem de você financeiramente, ou se você tem grandes dívidas, ou ouro enterrado no quintal, seria bom fazer um testamento. Basta pesquisar no Google *como funciona o testamento* — há milhares de sites para ajudar a entender. Só não pense que é fácil deserdar os seus desafetos familiares. Hehehehe.

Observe que, se você vive com um parceiro, mas não se casou nem realizou a escritura pública de união estável, ele não é seu herdeiro, a menos que ele prove essa convivência.

■ O QUE VOCÊ DEVE IGNORAR

Eu acredito piamente na simplicidade e acredito muito nos fundos de investimento simples dos quais falamos. E isso vale em dobro para quem é jovem.

Mas, tenha certeza de que chegará um momento em que você estará conversando com um tio ou algo assim,[50] e eles irão sugerir: *Ai, meu Deus, você não pensou em comprar propriedades comerciais no litoral? Você não tem uma conta de troca de moeda? Você nem sabe o que são títulos de capitalização? Ai, meu senhorzinho.*

Se você é uma pessoa educadinha, prepare-se para ouvir ainda mais comentários sarcásticos de gente que te trata como se você fosse completamente ignorante no que diz respeito a dinheiro. Haha, que ironia.

Outros livros de finanças que você pode ler por aí terão vários capítulos dedicados a explicar o que são todos os veículos de investimento. Títulos! Dotação! Forex!

Sim, dane-se essa baboseira.

É até meio interessante saber o que são todas essas coisas, e você pode vir a precisar delas algum dia, mas agora são apenas distrações. Se você precisa começar, está perdendo tempo se preocupando com todos esses conceitos e produtos. Então, aqui você só terá UMA ÚNICA SEÇÃO de respostas rápidas para quando o tiozão da família vier questionar a sua estratégia de investimento supersimples e altamente eficaz.[51]

Tio: Fundos de dotação!
Você: Somente os muito ricos devem investir em dotações.

Tio: Títulos!
Você: Os títulos são para idosos. Começarei a inseri-los no meu portfólio mais tarde, mas ainda não. Vou explicar para o senhor a regra dos 120 menos a sua idade.

---

[50] Quero deixar bem claro que não tenho nada contra tios. Os meus são maneiros.
[51] A autora não incentiva a maldade com os mais velhos.

Tio: Invista em Forex!/ Bitcoin!⁵²

Você: Ãh, não, porque sou investidor, não especulador.

Tio: Ficarei rico quando ganhar na loteria!

Você: Nem jogo de cassino tem probabilidades piores que a loteria. Seria melhor levar o meu dinheiro para um cassino e apostar no vinte-e-um! E quase ninguém fica rico jogando vinte-e-um. Você sabe como as pessoas ficam ricas? Poupando e seguindo uma estratégia inteligente de investimento.

Tio: Você precisa comprar ouro, por causa da diversificação!

Você: Eu invisto em um fundo de índice global, o que significa que possuo as maiores empresas do mundo, de países como China e Estados Unidos até a República Democrática do Congo. Não dá para ser muito mais diversificado que isso.

Tio: Pagar aluguel é como pagar o financiamento de outra pessoa.

Você: É, não é assim tão simples. Fiz o cálculo e, na minha situação, faz mais sentido alugar. Além disso, o senhor sabia que, historicamente, o mercado de ações gerou mais rendimentos do que o mercado imobiliário?

Tio: Fundos de cobertura!

Você: Rá! Esses fundos malucos têm taxas incrivelmente altas e geralmente não são regulamentados. Montanhas de pesquisas já mostraram que quase nunca valem a pena para investidores comuns como eu. Toin.

---

52 Eu até que sou bem animada com as criptomoedas e tenho dinheiro investido em Bitcoin, Ripple, **IOTA** e Ethereum. Acho que é daqueles casos *faça o que falo, não o que faço*, o.k.?

CAPÍTULO 8

MANTENDO A MOTIVAÇÃO

TUDO MOLEZINHA DEMAIS PARA VOCÊ, MEU BEM? QUER CAIR DE CABEÇA NA MATEMÁTICA FINANCEIRA?

■ JUROS COMPOSTOS DE MONTANTE FIXO

Juros compostos nada mais são do que a aplicação de juros sobre juros, ou seja, a aplicação incide sobre o montante de cada período. É o tipo de capitalização utilizada no mercado brasileiro com a finalidade de valorização de investimentos e também para cálculo de empréstimos bancários. Veja a fórmula a seguir. Seguindo a lógica dos juros compostos, ela indica quanto valerá um montante fixo daqui a alguns anos, se você o investir.

$$M = C \cdot (1+i)^n$$

M = Montante valor futuro (quanto o seu dinheiro valerá daqui a n anos)
C = Capital valor presente (quanto dinheiro você está investindo agora)
i = taxa anual de juros como porcentagem
n = número de anos de investimento

Então, por exemplo, se eu investir um valor inicial de 2 mil reais considerando juros compostos de 3% ao ano, quanto terei obtido ao fim de 4 anos?

C = 2000
i = 3% ou 0,03
n = 4

M = 2000 . (1 + 0,03)^4
M = 2000 . 1,03^4
M = 2000 . 1,1255
M = 2251

Agora observe na tabela abaixo a diferença entre a ação dos juros simples e dos juros compostos sobre o valor de mil reais ao longo de um ano.

Mês	Juros Simples	Juros Compostos
0	R$1.000,00	R$1.000,00
1	R$1.100,00	R$1.100,00
2	R$1.200,00	R$1.210,00
3	R$1.300,00	R$1.331,00
4	R$1.400,00	R$1.464,10
5	R$1.500,00	R$1.610,51
6	R$1.600,00	R$1.771,56
7	R$1.700,00	R$1.948,72
8	R$1.800,00	R$2.143,59
9	R$1.900,00	R$2.357,95
10	R$2.000,00	R$2.593,74
11	R$2.100,00	R$2.853,12
12	R$2.200,00	R$3.138,43

A regra dos 72

Aqui vai um truque rápido para ajudar você a estimar quantos anos levará para o seu dinheiro dobrar de valor, dada uma taxa de retorno anual específica.

Anos para dobrar o investimento = 72 / taxa anual de juros compostos

Por exemplo, se lhe oferecem um investimento previsto para crescer 8%, levará cerca de 72/8 = 9 anos para dobrar o seu dinheiro. Um investimento de 12% dobrará o seu dinheiro em 72/12 = 6 anos.

Juros compostos com contribuições mensais

Esta fórmula indica quanto dinheiro você terá após vários anos, se contribuir todos os meses.

$$FV = \frac{PMT \cdot [(1+i)^n - 1]}{i}$$

FV = valor futuro (quanto o seu dinheiro valerá daqui a n anos).
PMT = quantia fixa que você deposita todo mês
i = taxa de juros como porcentagem
n = número de anos investidos

Por exemplo:
Quanto você obterá, ao final de 20 anos, se depositar 100 reais num investimento que rende 0,47% por mês?

PMT = 100
i = 0,0047 (0,47 / 100)
n = 240 meses

FV = 100 · [(1+ 0,0047)^{240} -1] / 0,0047
FV = R$ 44.283,36

Ou, então, suponhamos que você decida cancelar a TV a cabo, na qual gasta 200 reais por mês, e alocar esse recurso mensalmente num investimento que rende 1% ao mês.
Depois de 5 anos, veja o dinheiro que obterá:

PMT = 200
i = 0,01 (1/100)
n = 60 meses

FV = 200 · [(1+0,01)^{60} -1] / 0,01
FV = R$ 16.333,93

Custo total de um empréstimo

Esse cálculo pode ser feito com as mesmas fórmulas mencionadas anteriormente, apenas substituindo a variável desejada.

Calcular a taxa anual com base na taxa de juros mensal

Ao contratar um empréstimo, com base na taxa de juros mensal que estiver discriminada, você pode calcular uma taxa de juros anual usando a seguinte fórmula (e usá-la como fator de comparação entre as diferentes opções de empréstimo).

$$i_a = (1+i_m)^{12} - 1$$

i_a = taxa anual de juros
i_m = taxa mensal de juros

Exemplificando:
Um investimento rende 1% ao mês, então qual será sua rentabilidade anual?

i_a = ?
i_m = 0,01 (1/100)

i_a = (1+0,01)^{12} − 1
i_a = 12,6825% ao ano

Se você tiver gostado de brincar com essas operações matemáticas, pode se aprofundar no assunto em tutoriais ou cursos on-line sobre matemática financeira. Talvez valha até comprar uma calculadora financeira do tipo HP12C ou instalar um aplicativo que tenha essa função.

SEUS NOVOS HÁBITOS FINANCEIROS

Respire fundo, mané. Você percorreu um longo caminho. Mas este é apenas o começo.

Tudo que você fez até agora — questionar os seus gastos, abrir todas essas contas, estabelecer algumas metas — foi como se inscrever em uma academia. Mas você não fica em forma só por ter feito a inscrição. Para isso, tem de realmente frequentar as aulas e suar a camisa.

Gerenciar o seu dinheiro exigirá um conjunto de novos hábitos que você precisa incorporar à sua vida.

Toda manhã
Bom dia, luz do dia!
Dê uma rápida olhadinha para ver o que resta no seu Fundo da Farra. Você sempre deve ter esse número na ponta da língua.

Toda noite
Cinco minutos de gratidão
Isso é brega de doer, eu sei, mas funciona. Ao ir para cama, passe cinco minutos pensando nas coisas pelas quais você é grato. Escreva esse blá-blá-blá num diário bem bonito.

Semanalmente
Revisão semanal
Abra o seu aplicativo (ou planilha, ou perfil on-line no aplicativo do banco, caso queira fazer isso da MANEIRA MAIS DIFÍCIL) e categorize as suas transações. Você precisa fazer isso com frequência suficiente para

se lembrar de cada transação. Ao fazer isso, reflita sobre cada compra. Gastar esse dinheiro valeu a pena? Isso trouxe mais alegria ou significado? Você gastou esse dinheiro por medo ou por ódio de si mesmo? O objetivo disso não é se julgar, apenas ter mais consciência do próprio comportamento.

Verifique o orçamento para ver se gastou demais numa categoria inesperada. Pense em como voltará aos trilhos pelo resto do mês.

Se estiver usando a estratégia dos envelopes, é aqui que você transfere o dinheiro da próxima semana para o Fundo da Farra.

Mensalmente (no dia do pagamento)
A Grande Revisão Mensal de Dinheiro
- Dedique tempo para analisar os gastos do mês. Categorize todas as operações. Calcule o seu índice de gastos.
- Planeje o mês que está começando. Pergunte-se se há grandes despesas que você precisa antecipar. Decida em quanto você vai melhorar o índice de gastos do mês anterior e planeje como fará isso (foque em uma ou duas categorias). Lembre-se de que estabelecer compromissos de mudança de comportamento específicos e mensuráveis funciona muito melhor do que apenas dizer: Preciso gastar menos com delivery de comida. Em vez disso, diga algo como Só vou pedir comida de domingo à noite.
- Transfira dinheiro para a sua conta de realização de objetivos (pagamento de dívida, poupança ou investimento). Recalcule a data de alcance da meta.
- Reserve cinco minutos para pensar em outras despesas planejadas para o resto do ano (como presentes de Natal) e certifique-se de reservar algum dinheiro para elas na sua conta.
- Cheque o seu Fundo da Farra e transfira o que restou para a conta certa (ou saque em dinheiro).

De cada três a seis meses
Checagem das contas

Calcule a sua taxa média de crescimento mensal. Passe por cada uma das suas contas (inclusive de investimentos) e reflita se ainda está feliz com os resultados. As suas metas de economia mudaram? Você prefere transferir algum dinheiro de um investimento de curto prazo para o seu Fundo da Liberdade? Você está perto de atingir a sua pensão de economias sem impostos? Releia os capítulos sobre como escolher os investimentos certos, caso precise refrescar a memória.

Exemplo de gráfico que você pode construir com seu painel on-line

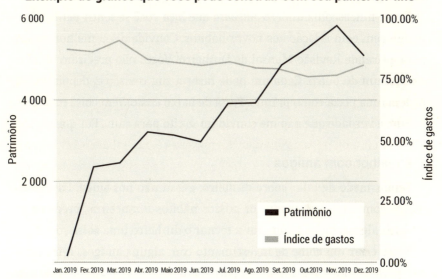

Continue usando seu painel e, lá na frente, você verá o impacto do seu comportamento nessa bela linha preta: seu patrimônio líquido.

■ COMO INICIAR E MANTER NOVOS HÁBITOS

No capítulo 5, falamos sobre como os hábitos funcionam em um ciclo gatilho-hábito-recompensa. Para criar novos hábitos, precisamos definir os gatilhos certos, garantir que nada nos impeça de completar o hábito e vincular o hábito a uma recompensa.

Para o *gatilho*, usar lembretes por telefone (para rituais diários) e eventos no calendário (para rituais menos regulares) funcionarão bem. Defina horários para esses gatilhos, de modo que você esteja em um local em que tenha privacidade e tempo para fazer o que precisa. Se puder dar um nome ao lembrete, chame-o de algo que lembrará você, no futuro, de por que está fazendo isso, como PLANEJE O SEU ORÇAMENTO MENSAL PARA NÃO SE ARREPENDER DEPOIS. **Configure esses lembretes agora. Eu aguardo.**

O *hábito* será mais fácil se você já tiver configurado corretamente o aplicativo e a planilha financeira. Você não quer gastar dez minutos procurando senhas e passando raiva com configurações a cada vez que for usá-los.

E, por fim, escolha uma *recompensa* que faça você se sentir verdadeiramente bem com relação aos novos hábitos. Convide o seu melhor amigo para a Grande Revisão Mensal de Dinheiro! Vocês não precisam olhar o extrato um do outro. Cada um pode fazer a sua revisão e, depois, vocês pedem uma pizza como prêmio. Festa de baixo custo! Tem coisa melhor?

Sim, é verdade que não me convidam muito para sair... Por que será?

É melhor com amigos

Temos medo de falar sobre dinheiro, e isso não nos ajuda. Para realmente começarmos a mudar os nossos hábitos financeiros, precisamos quebrar alguns tabus e começar a tornar o dinheiro uma coisa social.

Tente criar um clube de investimento com alguns amigos. Tente poupar para atingir uma meta compartilhada com um grupo de pessoas. Tente pedir a um amigo para ser o seu *controlador de gastos*, aquele que analisa o seu extrato uma vez por mês e puxa a sua orelha quando você não consegue reduzir uma determinada categoria. Ou, se você achar essa ideia invasiva demais, dê a um amigo acesso aos seus investimentos e peça para ele ser o seu *observador de poupança*, ou seja, peça para ele verificar as suas economias a cada um ou dois meses e te dar um chacoalhão caso você não atinja os seus objetivos. Experimente! Encontre maneiras de tornar o gerenciamento do seu dinheiro mais divertido.

Os seres humanos são animais sociais e odiamos decepcionar as outras pessoas. Tire proveito disso.

Mude a sua narrativa

Por fim, é hora de começar a mudar a narrativa interna que você tem sobre si mesmo. Se você sempre se diz *Eu não sei lidar com dinheiro*, você nunca saberá lidar com dinheiro. Dê a si mesmo um crédito: ao escolher ler este livro, e ao fazer as coisas sobre as quais falamos, você decidiu mudar sua vida. Mesmo se estiver se afogando em um oceano de dívidas, ou se todo mês for uma luta para pagar as contas, você tem um plano e está fazendo algo a respeito.

Aqui estão os novos pensamentos que eu quero que você repita para si: *Sou incrível com dinheiro. Entendo como o dinheiro funciona. Tenho um plano para realizar as coisas que mais importam para mim. Estou gerenciando o meu dinheiro como se fosse chefe dele.*

Não importa quem você seja, ou o quanto os seus pais tenham sido ruins com dinheiro, ou as merdas que você já fez no passado. Eu acredito em você. Você é capaz.

PROCURE UM CONSULTOR FINANCEIRO

Em algum momento da sua jornada, para ganhar dinheiro como alguém responsável, você precisará de um consultor financeiro. Aliás, se você chegou até aqui, provavelmente está pronto para contratar um.

Mas, Sam!, estou ouvindo você dizer. *Você fica me dizendo que ninguém se importa com o meu dinheiro tanto quanto eu, e que preciso ser o gerente do meu próprio dinheiro, e que nenhuma outra pessoa pode fazer isso por mim!*

Sim. Mas você também deve ter um consultor financeiro. Sabe como é, a vida é complicada.

Existem algumas razões pelas quais você deve ter um consultor.

Primeiro, o setor de serviços financeiros ainda não está configurado para facilitar o trabalho, de modo que as pessoas possam se virar por conta própria. Devemos forçar a indústria a mudar isso. Enquanto isso, porém, adquirir novas apólices de seguro e movimentar dinheiro entre fundos diferentes ainda é difícil sem um consultor financeiro certificado para ajudá-lo. Geralmente, você pode até se virar bem sozinho, mas precisa se preparar para uma montanha de burocracia.

Segundo, tributação não é para os fracos, minha gente. Há todas essas brechas estranhas e regras obscuras, e entender delas dá um trabalho danado. Após alguns anos de vida profissional, pode valer a pena contratar outra pessoa para calcular os seus impostos. Ela saberá exatamente como obter todos os descontos que você merece.

Terceiro, não é seu trabalho saber tudo sobre dinheiro, assim como não é seu trabalho saber tudo sobre como o corpo humano funciona. É importante ter uma noção sobre a saúde do dia a dia, como alimentação e exercícios, mas, às vezes, você precisa consultar um médico quando as coisas ficarem complicadas. Do mesmo modo, às vezes é de grande valor receber aconselhamento de um especialista sobre questões financeiras particularmente difíceis que surgirão pelo caminho.

Por último, é difícil ser completamente aberto com seus amigos sobre os seus problemas financeiros, portanto, ter um consultor também significa ter alguém com quem conversar, e que, nos momentos de aperto, lembrará você de que tudo ficará bem.

A maioria das pessoas pensa que você precisa ter muito dinheiro para contratar um consultor financeiro. Isso não é verdade. Certamente, alguns caras trabalham apenas com ricaços donos de vinícolas, mas muitos estão interessados, sim, em ajudar investidores que estão apenas começando (é do interesse deles estabelecer um relacionamento de longo prazo com você). Assim que precisar fazer coisas como usar o seguro por invalidez, você se dá conta de que precisa de um consultor financeiro.

Passo *muito* tempo pensando em dinheiro. E, mesmo assim, tenho um consultor financeiro também. O nome dele é Julian, e ele é maravilhoso. É a minha caixinha de novas ideias de investimento. Faz a minha declaração do imposto de renda. Quando quero, pressiona as companhias de seguros em meu nome. Revisa o meu portfólio todos os anos para garantir que tudo esteja alocado de maneira sensata. Temos longos debates durante o brunch sobre fundos *off shore*. Pago a ele um pequeno honorário mensal, que já se pagou uma dúzia de vezes em rendimentos.

Ele também é baterista de uma banda óóótima de pós-punk chamada MOONDUNES, que você precisa conhecer.

▌ COMO ENCONTRAR UM BOM CONSULTOR FINANCEIRO

Como acontece no amor, encontrar um bom consultor financeiro não é fácil. Pode levar uma década para você encontrar o parceiro financeiro dos seus sonhos.

A boa notícia é que flertar com consultores financeiros é bastante acessível, porque em geral eles não cobram nada pela primeira reunião. Você deve tirar proveito disso. Conhecer consultores diferentes é uma ótima maneira de obter várias opiniões sobre o que você deve fazer com o seu dinheiro.

A melhor maneira de encontrar um consultor é pelo boca a boca. Se você não souber a quem pedir uma recomendação, entre em fóruns de discussão na internet que possam te ajudar.

Se nem assim tiver sorte, tente pelos seguintes sites:

- www.planejar.org.br
- www.anbima.com.br
- cfasociety.org.br

Procure alguém certificado.[53]

Não recorra ao seu banco. Não converse com um consultor que trabalhe para uma empresa específica, com produtos próprios. Esses caras não passam de vendedores. E não é isso que você está procurando. O melhor é encontrar um consultor financeiro independente. Depois de selecionar opções, marque uma primeira reunião com cada candidato. Aqui estão as principais questões que você deve observar:

- Se são legítimos. Se são certificados e foram aprovados nos exames para provar que sabem do que estão falando.

---

53 No Brasil, as três certificações mais confiáveis costumam ser a CFP, emitida pela Associação Brasileira de Planejadores Financeiros; a CFA, sobre a qual é possível se informar por meio da CFA Society Brazil; e a CGA, da Associação Brasileira das Entidades dos Mercados Financeiro e de Capitais, que também emite as certificações CGA, CPA-10, CPA-20 e CEA (Certificado de Especialista em Investimentos Anbima), adquiridas em geral por profissionais que lidam com o público investidor em bancos. (N. T.)

- Se são independentes. Verifique se não estão apenas vendendo produtos para uma ou duas empresas.
- Se são inteligentes e não babacas.
- Se trabalharam com clientes semelhantes a você. Se o que cobram é razoável.

Aqui vão algumas perguntas que eu faria:
- Quais são as suas qualificações?
- Há quanto tempo você faz consultoria financeira?
- Quais produtos de empresas você vende mais? Por que você os recomenda? Você ganha comissão por eles? (Se você ouvir algo como sou representante da empresa x, saia correndo.)
- O que você acha do investimento passivo de baixa taxa de administração? (Compare a resposta com o que você aprendeu sobre investimento passivo até agora. Existem boas razões para que o investimento passivo não seja a sua única estratégia, mas você deve ser cético em relação a pessoas que o descartam completamente.)

Quando tiver encontrado um consultor de que goste, monte um plano financeiro com ele. Agora que você está por dentro de tudo e agindo como alguém fodão, essa parte vai ser superfácil. Em geral, são necessárias algumas reuniões para finalizar isso. A partir daí, o consultor provavelmente recomendará alguns novos produtos. Para cada produto recomendado:
- Certifique-se de entender exatamente por que o produto seria bom para você e por que está sendo sugerido. Faça muitas perguntas. Não se sinta idiota por não saber as coisas de antemão.
- Se for relacionado a um seguro, pergunte ao consultor: Que comissão você cobra em cima dessa operação? (Consultores podem receber comissões maiores sobre produtos de seguros, que é uma das razões pelas quais eles sempre insistem para que você os adquira.)

Você tem *todo o direito* de entender as comissões cobradas, portanto, não permita que o profissional evite ser questionado sobre isso. (Se ele evitar, é um sinal claro de que você deve cair fora.) Não há problema em cobrar comissão, mas sim em esconder isso de você. Você pode negociar um valor mais baixo ou adquirir um novo produto de forma independente.

De maneira geral, acho melhor *adquirir seguros por meio do meu consultor financeiro e lidar sozinha com os investimentos*. Você pode, claro, aconselhar-se com profissionais a respeito de investimentos, e pagar por isso é justo, mas pense que economizará muito dinheiro adquirindo produtos e administrando-os por conta própria. Depois de estabelecer um relacionamento com um consultor, geralmente ele vai:

- Revisar o seu planejamento financeiro uma vez por ano e atualizá-lo de acordo com as mudanças dos seus objetivos. É isso que definirá o reequilíbrio do seu portfólio e a abertura de novos produtos conforme necessário.
- Fazer o seu imposto de renda e organizar os outros impostos a pagar e restituições a receber.
- Marcar encontros para discutir questões específicas.
- Organizar os seus seguros.
- Avaliar possíveis créditos financeiros que você tenha a receber (FGTS, PIS, ações trabalhistas etc.).

DEMITINDO O CONSULTOR

Se, a qualquer momento, você perder a confiança em seu consultor financeiro ou concluir que os rendimentos não compensam o que você está pagando para ele, é só dispensá-lo, sem perder os produtos que adquiriu sob as suas orientações.

Se decidir fazer isso, envie um e-mail ao seu consultor e informe que não necessita mais dos seus serviços. Provavelmente, ele vai querer marcar uma reunião pessoalmente, para tentar convencer você do contrário, mas mantenha-se firme.

Por segurança, comunique a decisão para as empresas financeiras em que você tem conta (bancos, corretoras). Às vezes, é preciso preencher um formulário.

Aí é só fazer um brinde #eumeamo por ter dado esse passo rumo à independência.

▍ NINGUÉM LIGA PRO SEU DINHEIRO COMO VOCÊ

Ter um consultor não significa que você deva lavar as mãos e nunca mais gastar um minutinho pensando no seu dinheiro. Bom, é claro que você *pode* simplesmente concluir que não tem nada a ver com você e optar por não se envolver mais com isso, passando a responsabilidade das decisões financeiras para outra pessoa. Há literalmente centenas de profissionais que adorariam dizer o que você deve fazer com seu dinheiro.

Alerta de spoiler: a maioria deles não é confiável.

Alguns podem até ser. Há consultores financeiros que são pessoas adoráveis, com um profundo senso ético, e que entendem bem o mercado e realmente querem apenas ajudar os outros a terem uma vida melhor.

Mas aí é que tá. A menos que realmente se dedique e se envolva com o seu dinheiro, você nunca saberá a diferença.

APROVEITE A VIDA

Obrigada por ler este livro. Mesmo. Pessoas que dão conselhos fazem isso, sobretudo, porque é uma terapia para elas mesmas. Com certeza esse foi o meu caso.

Não existe receita de como viver uma vida feliz. Às vezes você tem de fazer coisas bem idiotas do ponto de vista financeiro porque outras coisas são mais importantes. Uma vez, entrei em uma dívida de 5 mil libras porque passei um ano viajando pelo exterior. Não me arrependo dessa dívida, embora tenha atrasado o meu plano financeiro por vários anos. Eu precisava fazer isso, e precisava fazer isso naquele momento da minha vida.

Dinheiro faz parte da vida, para todos nós. Dinheiro é poder, e é poder de escolha. Pode te aprisionar ou te libertar.

Aprender a gerenciar melhor o dinheiro é algo que todos nós faremos ao longo de toda a vida. Não é tipo *eureca!* e *plim!*, você imediatamente ganha o troféu *Eu sei administrar meu próprio dinheiro*. Haverá momentos em que você vai estragar tudo. Momentos em que você vai sacar toda a sua reserva de emergência para ir para o Japão e saldar a dívida do cartão de crédito só três anos depois — isso após ter se prometido que nunca mais teria outro cartão de crédito. Ou, pior, momentos em que, doente e desempregado, você acordará suando frio às três da manhã. Ou momentos em que o mercado vai quebrar e evaporar os seus investimentos. Tudo isso provavelmente acontecerá uma hora ou outra.

O COMPLETÍSSIMO FLUXOGRAMA PARA GERENCIAR O SEU DINHEIRO

ORGANIZE-SE
Comece a rastrear e a analisar a sua vida financeira.

GASTE MENOS DO QUE GANHA

DIMINUA O SEU ÍNDICE DE GASTOS para menos de 70%.

NÃO SEJA VELHO E POBRE PARTE I
Confira os recolhimentos feitos pela sua empresa, veja o extrato do INSS e invista para o futuro.

PAGUE PELO SEGURO QUE PRECISAR

☐ Decida por que isso importa para você.

☐ Aprenda algumas dicas básicas sobre dinheiro:
  • Poupar.
  • Investir.
  • Diversificar.

☐ Configure um aplicativo para começar a rastrear o dinheiro.

☐ Construa um painel financeiro e calcule:
  • Patrimônio líquido.
  • Dinheiro entra *versus* dinheiro sai.
  • Relação de gastos.
  • Crescimento mensal.

☐ Verifique seu score.

☐ Entre no modo de bloqueio de emergência até gastar menos do que ganha.

☐ O pagamento das dívidas é o problema? Pense em consultar um especialista.

☐ Configure transferências automáticas para os investimentos.

☐ Corte despesas (comece com as grandes coisas).

☐ Abra um Fundo da Farra separadamente.

☐ Ganhe mais dinheiro.
  • Consiga um aumento.
  • Incremente a formação.
  • Comece um ganha-pão paralelo.

☐ Adquira novos hábitos.
  • Bom dia, luz do dia!
  • 5 minutos de gratidão.
  • Revisão semanal.
  • A Grande Revisão Mensal.
  • Revisão das contas.

• Proteção de renda (todos).
• Seguro em caso de doença (a maioria das pessoas).
• Seguro de carro (se tiver).
• Seguro de vida (provisã para dependentes).
• Seguro residencial (se possuir).
• Agora é um bom momento para encontr um consultor financeir

NÃO SEJA VELHO E POBRE PARTE II

Faça transferências mensais automáticas para um investimento de baixo custo.

SAIA DA DROGA DA DÍVIDA

Pode ser uma bola de neve ou avalanche, não importa, saia o mais rápido que puder.

CONSTRUA UM FUNDO "VIRADA DE MESA"

Poupe de 3 a 6 meses equivalentes às suas despesas.

CONSTRUA UM FUNDO "EITA, FERROU"

Poupe o equivalente a 1 mês de despesas em um fundo de liquidez diária.

Aqui entramos na esfera das estratégias avançadas — você precisará fazer algumas escolhas.

POUPE PARA METAS ESPECIAIS (OPCIONAL)

Menos de 1 ano: dinheiro
De 1 a 5 anos: investimento conservador

CONSTRUA UM FUNDO DA *liberdade*

Em um fundo ETF de índice global. Não se esqueça de que diversificação é importante!

COMPRE UMA CASA

Avalie, sobretudo, a localização.

REEQUILIBRE O SEU PORTFÓLIO

Conforme envelhecer, saia dos fundos de baixo risco até ter 120 menos a sua idade em porcentagem em ações.

TORNE-SE UM RICO FODÃO...

fazendo uns troços mais complexos.

249

Mas você não está tentando ser perfeito. Você está tentando ser melhor e mais consciente, e pelo menos sabe o que precisa fazer para se livrar dos buracos em que se meteu. Você está tentando se dar mais opções. Está tentando trabalhar para uma vida mais feliz, mais parecida com a que você realmente deseja para si.

A maior parte disso tudo não tem a ver com dinheiro. Tem a ver com conhecer a si mesmo. E com ficar mais sábio. E consciente. E entender como seria uma vida significativa para você. Tem a ver com todas as estranhas reviravoltas na jornada peculiar que é a sua vida.

Então, na verdade, as melhores coisas que você pode fazer para se sair melhor com dinheiro são... fazer longas caminhadas nas montanhas. Ter longas conversas honestas até altas horas da noite com os amigos. Vender a sua TV. Fazer terapia. Jogar jogos de tabuleiro com a sua família. Ler. Praticar uma habilidade que faça você sentir orgulho de si mesmo. Voluntariar-se em um abrigo. Confeccionar coisas. Apaixonar-se. Meditar, se fizer o seu estilo. Aprender a passar mais tempo consigo mesmo. Aprender sobre quem você é. Descobrir com o que você realmente se importa e gastar mais tempo e dinheiro fazendo isso. Tornar-se chefe do seu dinheiro não significa apenas ser responsável. Significa controlar as próprias escolhas. Estar no comando do seu dinheiro serve para afastar preocupações, para que você possa tocar o que realmente importa na sua vida.

REFERÊNCIAS

LIVROS

ARIELY, D. *Positivamente emocional*. Rio de Janeiro: Elsevier, 2008.

BISSONNETTE, Z. *How to be Richer, Smarter, and Better-Looking Than Your Parents*. Londres: Penguin Books, 2012.

BOGLE, J.C. *Enough: True Measures of Money, Business, and Life*. Hoboken: John Wiley & Sons, 2009.

_____. *Common Sense on Mutual Funds: Fully Updated 10th Anniversary Edition*. Hoboken: John Wiley & Sons, 2010.

DANKO, S.; STANLEY, T. *O milionário mora ao lado: Os surpreendentes segredos dos ricaços americanos*. São Paulo: Editora Manole, 1999.

DOMINGUEZ, J.; ROBIN, V. *Dinheiro e vida: Mude sua relação com o dinheiro e obtenha a independência financeira*. São Paulo: Cultrix, 2007.

DUHIGG, C. *O poder do hábito: Por que fazemos o que fazemos na vida e nos negócios*. Rio de Janeiro: Objetiva, 2012.

KAHNEMAN, D. *Rápido e devagar: Duas formas de pensar*. Rio de Janeiro: Objetiva, 2012.

KAY, J. *Other People's Money: The Real Business of Finance*. Nova York: Public Affairs, 2015.

KIYOSAKI, R.T. *Pai rico, pai pobre*. Rio de Janeiro: Alta Books, 2017.

LINDAUER, M.; LEBOEUF, M.; LARIMORE, T. *The Bogleheads' Guide to Investing*. Hoboken: John Wiley & Sons, 2006.

PINK, D.H. *Motivação 3.0: Drive*. Rio de Janeiro: Sextante, 2019.

ROBBINS, T. *Dinheiro: Domine esse jogo (7 passos para a liberdade)*. Rio de Janeiro: Best-Seller, 2017.

TALEB, N.N. *Iludidos pelo acaso: A influência da sorte nos mercados e na vida*. Rio de Janeiro: Objetiva, 2019.

VANDERKAM, L. *All the Money in the World: What the Happiest People Know About Getting and Spending*. Londres: Portfolio/Penguin, 2012.

WILSON, A. *The Wealth Chef: Recipes to Make Your Money Work Hard So You Don't Have To*. London: Hay House, 2015.

LINKS ÚTEIS (EM PORTUGUÊS)

Ibovespa — <www.b3.com.br>.

Serasa — <www.serasa.com.br>.

Tesouro Direto — <www.tesourodireto.com.br>.

Receita Federal — <www.receita.economia.gov.br/>.

Banco Central do Brasil — <www.bcb.gov.br/>.

Previdência Social — <http://www.previdencia.gov.br/>.

SITES E FÓRUNS VALIOSOS (EM INGLÊS)

80,000 Hours: <https://80000hours.org>.

Bogleheads: <www.bogleheads.org>.

Mr. Money Mustache: <https://www.mrmoneymustache.com/>.

Money Saving Expert: <https://www.moneysavingexpert.com>.

Rolling Alpha: <www.rollingalpha.com>.

AGRADECIMENTOS

É verdade, pessoal. É necessária a ajuda de uma aldeia para escrever um livro.

Ester Levinrad, você viu o potencial do projeto mesmo antes de mim. Você foi muito mais do que a editora deste livro: foi a defensora, a pilota e a fonte de muitas de suas melhores ideias. Você é foda, e este livro não teria acontecido sem você. Obrigada.

Agradeço também a Jean-Marie Koft, Nkanyezi Tshabalala, Elmarie Stodart, Kelly Berold e Jennifer Ball, por trazerem este livro ao mundo, e a Angela Voges, por cortar as gordurinhas.

Tom Asker e a equipe de Little, Brown, agradeço pela sua interminável paciência e por acreditarem que valia a pena levar um livro de dinheiro do fim do mundo para outros países.

John Nel e Claire Mullins, vocês dois me deram um feedback honesto e ponderado que ajudou a tornar este livro muito melhor do que era. Vocês dois me inspiram com a sua sinceridade e vontade de ajudar outras pessoas a viverem com menos medo de dinheiro. Obrigada.

Georgina Armstrong, você me deu ratos de navio, esquemas de categorização, testes de Natal, xícaras de chá e incontáveis gargalhadas. Eu tenho muita sorte de tê-la como amiga e companheira de trabalho nos últimos dez anos, e espero que saiba que vou continuar te seguindo atrás de qualquer job que você aceite, para que possamos trabalhar juntas sempre. Não tem como não fazer isso. Ninguém mais vai entender por que fico tão empolgada com as tabelas dinâmicas.

Tabitha Guy e Meg Dutriou, obrigada por usar seus extraordinários talentos para me fazer parecer tão sexy nas minhas fotos de autora. Dale Halvorsen, você me deu conselhos valiosos sobre design de livros. E Anja Venter, você é honestamente uma das minhas artistas favoritas, e estou tão feliz que tenha concordado em fazer parte disso. Estou honrada em poder fazer coisas legais com todos vocês.

Meus amigos da 22seven, especialmente Lynda Mackay e Christo Davel: vocês me ensinaram todas as lições importantes sobre dinheiro. Me ajudaram a ver que o trabalho deve vir sempre de um lugar de amor, para valer a pena. Todos nós construímos algo realmente especial juntos, e sempre terei orgulho disso.

Simon Dingle e Kenny Inggs, meus parceiros nos negócios e no crime, desejo a todos que tenham a oportunidade de começar um negócio com vocês dois, só para ver o quanto é divertido. Só que eles NÃO TERÃO, PORQUE EU CONSEGUI PRIMEIRO, muahahaha! Eu amo vocês, galera. Sejamos jovens e burros para sempre.

Lauren Beukes, porra, eu nem sei por onde começar. Há um ano, eu mal te conhecia e agora não consigo imaginar não te ver todos os dias, inventar histórias e encontrar maneiras cada vez mais elaboradas de procrastinar. Você foi tão generosa com os seus conselhos e a sua torcida e abriu muitas portas, além de ter feito chá para mim em dias ruins e muito mais. Sou muito agradecida. E te amo ferozmente. Sua nerd.

Às vezes me sinto sobrecarregada com o tanto de amor e amizade que tenho na vida. Shen Tian, Meghan Finn e Melanie Smuts — obrigada por serem minha família há anos, apesar da distância e dos cortes de cabelo horríveis. Tudo o que sou é graças a vocês. Matthew Proxenos, você me apoiou nas melhores e piores partes deste projeto e eu não teria conseguido sem você. Obrigada pelos abraços e pelas aventuras, pelos dias de criação e T.S. Elinewt. Você é o melhor.

Pessoal da *Reprobates*, equipe de caminhada, companheiros de clã, clube do cinema ruim, quero agradecer pessoalmente a cada um de vocês, seus putos lindinhos, mas vocês sabem quem são.

AGRADECIMENTOS

Mãe, nem consigo dizer como sou grata. Não julgue os palavrões contidos neste livro, você sabe que aprendi todos com você. Dibbs, estou tão orgulhosa de você. Pai, pode deixar, que vou dar comida para os passarinhos.